第三人效应：
理论的起源与发展

陈宏亮　著

ZHEJIANG UNIVERSITY PRESS
浙江大学出版社
·杭州·

图书在版编目(CIP)数据

第三人效应:理论的起源与发展 / 陈宏亮著. --
杭州:浙江大学出版社,2024.3(2025.3 重印)
ISBN 978-7-308-24751-1

Ⅰ.①第… Ⅱ.①陈… Ⅲ.①传播媒介-研究 Ⅳ.
①G206.2

中国国家版本馆 CIP 数据核字(2024)第 059113 号

第三人效应:理论的起源与发展

陈宏亮 著

责任编辑	傅百荣	
责任校对	徐素君	
封面设计	周 灵	
出版发行	浙江大学出版社	
	(杭州市天目山路 148 号 邮政编码 310007)	
	(网址:http://www.zjupress.com)	
排 版	杭州隆盛图文制作有限公司	
印 刷	浙江新华数码印务有限公司	
开 本	710mm×1000mm 1/16	
印 张	11.25	
字 数	202 千	
版 印 次	2024 年 3 月第 1 版 2025 年 3 月第 2 次印刷	
书 号	ISBN 978-7-308-24751-1	
定 价	55.00 元	

前　言

2020 年初新冠疫情暴发以来，媒体对于疫情进行了铺天盖地的报道，既有专家的视角，也有病患、普通人的观点。所有的受众都应该充分了解新冠病毒，掌握最新的研究进展，学习如何有效地防护，但是实际情况却并非如此。在疫情暴发初期，我们观察到身边的一些人对于新冠病毒不以为意，尤其是小城市、偏远地区的人们，防疫的意识更为淡薄。尽管政府和公共卫生机构发布了保持社交距离、戴口罩等预防措施，仍然有人选择无视或轻视这些建议。他们可能觉得自己不容易感染病毒，或者病毒不会对自己产生严重的影响。在一些地区，人们忽视了疫情的严重性，继续举办大型聚会、音乐节、婚礼等活动，导致病毒传播的风险增加，使得更多人感染。尽管疫苗被广泛认可为控制疫情和减少感染的关键因素，仍然有人选择不接种，殊不知这样不仅会增加自己感染的风险，还可能成为病毒传播的源头。如果过多的人拒绝接种疫苗，群体免疫的形成将受到阻碍，从而会延长疫情的持续时间。在国外，甚至出现了抵制防疫的各种观点，拒绝采取专家推荐的防疫措施。除了社会文化因素外，人们为什么会产生这样的认知呢？这一现象引发了传播学界的关注。

媒介效果的研究走过了近百年的历程，从"魔弹论"到"有限效果论"，发展到回归强效果论。早在 1940 年代，拉扎斯菲尔德在《人民的选择》一书中就揭示出，大选中媒体传播对于受众的投票选择影响并不显著，人们只是有选择性地消化、吸收媒体观点，并不是全盘采纳。在新冠疫情期间，多种心理机制抑制了媒介的影响，例如受众认知水平的不足、固有的认知偏见，以及过量的信息导致的信息焦虑、信息过载。受众在接收信息的过程中并不总是依据理性的判断来决定是否接受信息，认知偏见往往起到更重要的作用。我们观察到，在疫情初期很多老年人的疫情防护配合度较低，他们并不认为新冠病毒会成为自己的健康威胁。这个现象充分揭示了认知偏见对于信息传播效果的重要影响，也体现了第三人效应理论的独特价值。

第三人效应由美国社会学家戴维森（W. Phillips Davison）在 1983 年首次提出，自此引起了国内外传播学界的广泛关注，在诸多传播学领域均产生了重要的影响。与许多其他传播学先驱一样，戴维森的研究受到了第二次世界大战期间舆论战的启发。在梳理二战史料的过程中，戴维森发现了一个有趣的历史插曲。在硫磺岛战役中，面对美国的黑人军团，日本军队试图通过传单的形式渲染这场战争是为白人利益而战，日本和非裔士兵没有根本的矛盾。日军试图通过这种方式劝阻美国黑人士兵在硫磺岛作战，虽然没有迹象表明这些传单对士兵产生了任何影响，但在这一事件发生之后，白人军官们对该部队进行了大幅度的改组，黑人军团在第二天就被撤走了。这个现象产生的原因，在那个时候还无从知晓。

在 20 世纪 50 年代，戴维森广泛从事公共政策的相关研究，在一项关于联邦德国的媒体对于政府政策影响的研究中，他发现了人们对于媒介影响的差异化理解。这项研究调查了在联邦德国地区供职的新闻记者。学者在访谈中检验了记者对于媒体影响的看法——"您认为报纸的内容对于读者有关联邦德国政策的态度有影响吗?"调查的结果非常有趣，记者们一致认为媒体对于公众认知有很强的影响，但是对于专业记者们的认知影响很小，这大概是最早的有关第三人效应的调查。基于对美国大选的进一步观察，戴维森提出了第三人效应的基本假设：人们会倾向于高估大众传播对他人态度和行为的影响。更具体地说，那些接触到说服性传播的受众认为，相关信息对他人的影响比对自己的影响大。自此，第三人效应的研究成为最受关注的传播学理论之一，至今仍然具有重要影响。

第三人效应理论最早运用于报纸、电视、广播等传统媒体的效果研究中，主要聚焦于负面的大众媒介信息，如暴力、色情、政治广告、商业营销、虚假新闻报道、诽谤性信息等。随着媒体技术的发展，第三人效应被更广泛地应用于新媒体的研究当中，如关于网络游戏、网络色情的态度研究。第三人效应的研究也被应用于广告营销领域。学者们发现第三人认知对于受众的购买意向、品牌认同等有重要影响。在健康传播的研究当中，对于自身健康状况的非理性认知往往也会增加人们感染疾病的风险，克服认知偏见是预防疾病的重要前提。第三人效应理论随着新媒体的出现也发生了许多改变，重新梳理这个理论显得尤为重要。

互联网技术的发展伴随着很多乐观的期待,网上的海量信息可供用户挖掘,每个人都可以是独立的调查者,可以进行深度的信息探索。似乎借助新媒体的力量我们可以成为全知全能的个体。然而事实却并非如此。网络上极化的言论、偏激的表达、散播的谣言无所不在,智能算法的推荐又将每个人包裹在信息茧房当中,理性、客观的认知更加难以达到。正如墨菲定律所表达的观点那样,任何一件事情,只要存在错误的做法,或者存在发生事故的可能,那么就一定会带来灾难性的后果。在信息爆炸的时代,第三人效应就有可能是这样的危险因素。

本书的目标是深入探讨第三人效应的理论根源、核心概念以及在媒体环境变迁中的发展。我们将通过大量的实证研究、案例分析和理论推导,对第三人效应进行全面的解构和阐述。我们将分析这一理论是如何在多种媒体语境中发挥作用的,又是如何影响我们的信息接收、态度形成、行为决策以及社会互动。此外,我们还将讨论第三人效应的理论在传播学、营销学、心理学等领域的广泛应用,以及它在解释一些重要的社会现象方面的作用。

本书的前八章主要以英文文献为讨论基础,由于第三人理论诞生于西方,相关研究也大多用英文写作,相关内容的梳理有助于理解理论的价值。本书的最后一章探讨了该理论在中国的研究历程,并对理论的未来发展提出了思考。

通过阅读本书,您将深入了解第三人效应的本质和起源,理解它在我们的生活中如何运作,以及它如何影响我们对自我和他人的认知。第三人效应并不只是一个抽象的理论,而是真实存在于我们的日常生活中,影响着我们的每一个决定和行为。希望通过深入剖析这个理论,引发读者思考媒体内容和传播方式如何塑造我们的态度和行为,从而在面对媒体信息时做出更明智的选择。

2023 年 12 月于杭州

目　录

〈〈〈 **第一章**

媒介效果理论的发展

    在信息爆炸的时代,我们每天都被无数的媒体内容包围。这些内容各式各样,从新闻报道、社交媒体帖子到流行文化和娱乐节目,无所不包。这些内容并不总是正向地影响我们,它们有时会导致认知的偏见,进而影响我们的行为和决策。第三人效应是一种重要的有关媒介传播效果的偏见。作为近40年一直备受瞩目的传播学理论,第三人效应探讨的是媒体内容对受众认知及行为的影响。该理论主张,当面对某些媒体内容时,人们倾向于认为这些信息对自己的影响较小,而认为媒介信息对他人,尤其是那些与我们关系疏远的陌生人影响更大。这种现象既存在于传统的媒体环境中,也多见于当代的网络平台。

    你是否在微信朋友圈中看到过以下的标题——"赶紧看,很快就要被删了""必读好闻""文章转疯了"? 你在朋友圈发布信息的时候,是否想彰显出自身独特的个性? 如果您注意到以上现象,那么就充分说明了第三人效应的普遍存在。当媒介内容是负面的,例如暴力、色情、谣言等信息,第三人效应通常会更加显著。在当下的媒介环境中,媒介信息的生产和传播发生着急剧的变化,但是与传统媒体时代相同的是,我们每个普通人仍然可以对媒体信息品头论足,发表自己的观点。第三人效应并没有随着媒体技术的发展而消失,这个发源于传统媒体的理论在今天也仍然凸显着它独特的价值。第三人效应充分考虑了人在媒体信息面前的主观能动性,面对信息并非一味地接收,而是有选择性地理解和记忆。

    传播学在发展的过程中各种流派层出不穷,学科的起源和发端也非常多样,系统地梳理媒介效果研究是一项重要的任务。本章内容将以北美经验研究学派为主线,对于现有的理论进行反思,并更好地理解第三人效应理论诞生的背景。

媒介效果研究的主要议题

微观效果与宏观效果

从哈罗德·拉斯韦尔(Harold Laswell)开创 5W 模式开始,大众媒介效果研究一直占据着学科的中心位置。媒介的微观影响是从个人层面考察媒介对于心理和行为的影响,宏观影响是指媒体对于社区、群体、社会关系、社会结构的影响。传播学者拉斯韦尔和默顿(Robert Merton)在 1948 年发表了《大众传播、通俗口味和有组织的社会行为》,总结了大众传播的三种功能,解释了媒体如何影响和塑造社会(Katz,2001)。(1)社会地位赋予功能。这个功能描述了媒体如何通过给予某些事件、人物或议题更多的关注,从而赋予它们更高的社会关注度。如果某个人经常出现在电视、杂志或社交媒体上,即便他们可能没有特殊的才艺或成就,但由于媒体的持续关注,他们的知名度和影响力也会持续增加。例如当环境保护发展成为媒体的主流话题时,这些议题在公众中的重要性和紧迫性也随之增加。(2)社会规范强制功能。此功能强调了媒体如何通过强调某些行为或态度的社会接纳度,将违反社会道德的行为公之于众,唤起社会的关注,从而迫使相关个人和组织调整自身的行为,进而达到建立社会规范的作用。当政治家、企业家或名人涉及不道德或非法行为时,媒体的广泛报道可能会导致公众的强烈反应和谴责。公益广告是建构社会规范的另一个典型例子,禁烟或预防酒驾的公益广告旨在强化这些行为的负面后果,从而鼓励公众遵循更健康、更安全的生活方式。(3)负向功能的"麻醉作用"。此功能描述了大众媒体可能导致受众过度依赖媒介,从而变得被动、麻木,不再积极思考。当人们花费大量时间在社交媒体上浏览、点赞和分享,而不是与现实世界互动时,他们可能会缺少探索现实世界的兴趣。针对焦点事件持续不断的新闻报道可能会导致信息倦怠,使人们对重大事件或危机变得麻木和冷漠。拉斯韦尔和默顿的三功能说在新媒体环境下仍然凸显着其理论的价值。

美国学者赖特(Charles Wright)在《大众传播:社会学视角》(1959)中,继承了拉斯韦尔的媒介功能思想,并在此基础上围绕大众传播的社会功能提出了"四功能说"。第一,环境监视功能。这是指大众媒介为公众提供有关周围世界的信息,包括发生了哪些事情、何时发生、在哪里发生以及涉及哪些人。环境监视可以表现为警戒作用,即追踪关于可能对人们构成威胁的事件,例如自然灾害、疾病暴发或经济危机;或者为大众提供有关日常生活和决策的有用信息,例如股市信息、天气预报或消费品信息。第二,大众媒介的解释与规定功能。这是指媒体通过对于新闻事件的呈现与解读,帮助公众理解新闻事件的重要性,对于受众的行为提供指引。第三,大众媒介的社会化功能。其表现为媒体在传播价值观、信仰和规范方面的重要作用,涉及文化的传播、新的文化元素和符号的引入。例如,电视节目、电影、流行音乐可能会传播某些生活方式或行为。第四,大众传播的娱乐功能。媒体为公众提供娱乐信息,帮助他们从日常生活的压力中解脱出来。

大众媒体对社会的宏观影响是多方面的,涉及社会结构、文化、经济和政治等多个领域。大众媒体能够在社会中塑造公众的议程,决定哪些话题会被大家关注和讨论。经典的议程设置理论便源自对这种现象的观察。大众媒体展示了某些行为和生活方式,可能导致观众模仿或效仿这些行为。自从大众媒体出现以来,它就在塑造、反映和挑战我们的文化价值观方面发挥了关键作用,影响着公众对社会问题的认知和重视程度(Mayrhofer & Naderer,2019)。大众媒体在全球范围内传播某些文化元素,可能导致当地文化被边缘化,形成一种全球大众文化。大众媒体也为本土文化提供了一个声音和平台。大众媒体通过广告、电视节目和新闻报道来传播和强化某些价值观和社会规范,从而影响公众的行为和态度(Arias,2018)。商业广告通过媒体推广消费文化,鼓励人们购买和消费,从而推动经济增长。大众媒体在政治领域具有重要影响力。媒体通过报道和解读政治事件来影响公众对政策的看法,通过选择报道的事件和方式能够塑造政治候选人形象,影响选民观点以及公众对政策议题的关注度(Walgrave & Aelst,2006)。

在微观层面,受众通过大众媒体获得信息,从中获取知识、了解新事物。大众媒体的内容可以影响受众的态度和观点。媒体通过展示某种生活方式、行为或消费模式来影响个体的日常生活。媒体接触可能会影响个体的时间管理和日常习惯,例如睡眠模式、饮食习惯和运动习惯(Hong & Kim,2020)。大众媒体是许多人获取日常新闻、信息和知识的主要来源,这些信息会影响他们的价值观。媒体的报道和呈现方式影响着个体对现实世界的感知。大众媒体成为人们交流、互动和分享的主要内容，人们基于媒体的信息来寻求共同的话题，强化社会互动。大众媒体能够引发情绪的共鸣，例如观看电影、听音乐、阅读新闻等可以唤起人们的愉快、悲伤、愤怒等情绪（Krahé et al.，2011）。部分大众媒体为个体提供了与特定文化、种族、性别或兴趣团体建立联系的机会，从而加强他们的归属感和身份认同。

大众媒体的传播效果不仅涵盖了社会层面的影响，也影响了个体受众的认知、态度、情感和行为。从宏观和微观角度来看，大众媒体在塑造文化、社会和个体层面上都发挥着重要作用。

变化与稳定的效用

媒介传播在社会层面具有变化与稳定的双重作用。大众媒体在社会变革中的作用不容忽视，它不仅是信息的传播者，更是意识形态、文化和价值观的塑造者。通过广播、电视、社交媒体等多种渠道，媒体有能力进行社会动员，催生和组织社会运动。例如，媒体的报道和关注使得更多的人意识到社会中存在的不平等现象，从而团结起来，为共同的目标而抗争（Mattoni，2017）。媒体的信息传播功能使其成为挑战和重塑现有意识形态、价值观和社会观念的关键工具。新闻报道、社会评论、纪录片等形式的媒体内容能够深入揭示社会的问题，如种族歧视、性别不平等、环境破坏等。这些内容不仅提供了事实和证据，也能够引起公众的共鸣，推动社会对这些问题的反思和改变（Shawki，2013）。在全球化的背景下，大众媒体更是成为不同文化之间交流和融合的桥梁，电影、音乐、电视节目等媒体形式，将艺术、文化传统和思想传播到世界的每一个角落（Tomlinson，2011）。

从另一个角度来说，媒体具有稳定社会的作用。在历史上，大众媒体被政治团体和社会权力所利用，成为巩固和建构政治体制的工具。这种功能性的使用，使得媒体在某种程度上成为维护社会稳定的关键力量。大众媒体是政府和权力机构宣传政策、理念的主要渠道。通过新闻报道、时事评论、特别节目等形式，政府可以向公众传达其政策的合理性和必要性，从而获得公众的理解和支持（Porumbescu，2017）。例如，经济、教育或公共卫生政策需要媒体的广泛报道和宣传，以确保政策的顺利实施和社会的广泛接受。媒体在强化国家和民族认同方面也起到了不可或缺的作用。通过传播国家的历史、文化、传统和成就,媒体可以增强公众对国家的归属感和自豪感(Street,2005)。强烈的国家认同感不仅可以凝聚民心,还可以在国家面临威胁时,为国家提供强大的社会支持。媒体的这种功能性使用,也可能导致信息的选择性传播。权力机构可能会选择强调某些话题,而忽略或淡化其他话题,从而对公众的认知和关注进行有意识的引导。例如,政府可能会大量报道经济增长和社会进步的新闻,而对于环境污染、社会不平等等敏感话题则选择性地报道或避免报道。选择性的信息传播可能会导致公众对某些问题的关注度降低,从而在某种程度上维持社会的稳定,减少不满情绪。此外,媒体在文化传承和延续方面也发挥了重要作用。通过传播文化、价值观、传统和历史,媒体为社会提供了一种文化的延续性(Moon & Nelson,2008),有助于维护社会的稳定,为年轻一代提供了解和传承文化的渠道。通过电影、电视剧、纪录片等形式,媒体可以将一个国家或民族的历史、故事和价值观传递给下一代,从而确保文化的传承和延续。

大众媒体的传播效果既有可能引发变化,也有可能稳固现状,这取决于媒体内容、传播方式以及社会、政治和文化的背景。大众媒体的传播效果在社会中扮演着复杂多样的角色,既是变革的推动者,也是现有秩序的维护者。

短期效果与长期效果

媒介传播的短期效果是指受众在短时间内,通常是在媒体接触后立即产生的反应和影响。这些效果往往是直接、明显且容易观察到的,与受众的情感、态度和认知紧密相关(Prestin & Nabi,2020)。一部感人的电影或一首动人的歌曲都有可能在几分钟内引发观众的强烈情感反应,这种情感激发不仅仅是瞬间的,还可能影响受众的后续行为和决策。例如,一则关于孤儿的新闻报道可能会激发受众的同情心,从而驱使他们捐款或参与志愿服务。媒体内容不仅可以激发情感,还可以在短时间内影响受众的态度和观点(Ryffel et al.,2014)。例如,一场有说服力的政治辩论可能会使选民改变对某位候选人的看法,而一则关于动物权益的广告可能会使观众更加关心动物保护。

在信息爆炸的时代,媒体成为受众获取新知识的主要渠道。新闻、纪录片、教育节目等都可以在短时间内为受众提供大量的信息和知识,这可以增强受众的认知能力,帮助他们做出更明智的决策。除了情感、态度和认知,媒介传播的短期效果还可能对受众的行为产生某种影响(Boukes & Vliegenthart,

2019）。一则关于环保的广告可能会使观众减少塑料的使用，一个关于健身的节目可能会激励观众开始健身行为（Burton et al.，2018）。媒介传播的短期效果是多种多样的，这种影响可能是积极的，也可能是消极的，其反映了媒体在现代社会中的巨大影响力。

媒介传播的长期效果探讨了媒体如何在长时间内影响受众的态度、行为和社会结构。这些效果往往不是立即显现的，它们的影响可能会持续数月、数年甚至数十年。媒体传播的内容，无论是新闻、电影、音乐，还是书籍，都有可能在受众的记忆中留下深刻的印象，带来持久影响。一部描述战争的电影可能会使观众对战争的恐怖有深刻的认识，影响他们对和平的态度和反战的价值观（Gulyás，O'Hara & Eilenberg，2018）。一则关于健康饮食的广告可能会使观众开始关注自己的饮食习惯，并在日常生活中做出相应的改变；一部关于环保的教育节目可能会使观众更加珍惜资源，减少浪费。行为变化可能不是立即发生的，但随着时间的推移，它们可能会变得更加明显和持久。媒体传播的长期效果还可能体现在整个社会的变革上，它反映了媒体如何塑造和反映社会的观念和制度（Sousa，2006）。例如，关于女性权益的社会运动通过长期的媒体报道，会使社会对女性的地位和权益有更加正面的认识，从而推动相关的法律和政策改革。

累积效果与非累积效果

媒介传播的累积效果探讨了如何通过持续和重复的媒体接触来加强对受众的影响，揭示了媒体不仅可以在短时间内产生影响，还可以在长时间积累下塑造和改变受众。在网络时代，人们每天都会接触到大量的信息，但并不是所有信息都能留下深刻印象，当某一信息被反复传播时，它在受众中的影响可能会逐渐加强（Kim & Rubin，1997）。例如，一个品牌通过持续的广告宣传，会使消费者渐渐熟悉和信任它，从而增加其市场份额和品牌忠诚度。

媒体传播可以通过提供信息、观点和价值观来影响受众的态度。态度是受众对某一对象、事件或议题的评价和看法，它可以是正面的、负面的或中立的。当传播持续发生时，它可能会逐渐改变受众的态度，媒介传播效果的累积还可能使影响更加持久。媒介传播效果的累积是一个复杂且重要的过程，揭示了媒体如何在长时间内塑造和改变受众的态度和行为。媒介传播效果不仅仅是基于信息的传播本身，还可能是基于媒体的权威、可信度和社会角色。

　　媒介传播效果的非累积性揭示了媒体内容如何在短时间内产生强烈但持续时间较短的影响（Galantucci，Kroos & Rhodes，2010）。情感冲击是指某些媒体内容在短时间内引发的强烈情感反应，其可能是正面的，如喜悦、兴奋、感动；也可能是负面的，如愤怒、悲伤、恐惧。情感冲击往往是直接、强烈且短暂的，它可能会使受众产生强烈的生理和心理反应。一则关于灾难的新闻报道可能会立即引发公众的同情；而一部关于战争的电影可能会使观众恐惧。这种情感冲击往往是短暂的，它可能会随着时间的推移迅速减弱。这是因为人们往往会逐渐适应和消化这些情感。人们的注意力和兴趣往往是多变的，他们可能会很快被其他的事物和内容所吸引（Arendt，2013）。

　　媒介传播效果的非累积性可能是由多种原因造成的。人们的认知和情感是复杂的，会受到多种因素的影响，如个人的经验、背景、价值观和所处情境。即使某一媒体内容在短时间内产生了强烈的影响，它也可能会被其他的因素所抵消或替代。媒体内容本身是多种多样的，可能会产生差异化的效果和反应。即使受众反复接触同一媒体内容，也可能会产生不同的效果和反应。媒体内容的传播和接触也是不稳定的，会受到多种因素的影响，如媒体的策略、技术、环境和受众的需求。

媒介的态度影响

　　媒介传播在当今社会中发挥着至关重要的作用，它不仅仅是信息的传递工具，更是影响公共舆论的关键力量，它塑造和改变人们的态度，还可以强化人们已有的观念。当我们接触到与自己观点相符的媒体内容时，我们的认知和情感往往会得到强化（Happer & Philo，2013）。这些内容往往能够与我们的经验和认知产生共鸣，使我们感到被理解和认同。例如，当我们看到一部描述与我们所经历的事件相关的电影时，我们可能会感到情感的联结。除了认知和情感，媒介传播还能强化我们的社会和文化认同（Katz，2009）。媒介传播往往会采用一系列的策略和技巧，选择目标受众认同的内容，使用目标受众熟悉的语言和符号，强调与目标受众相符的价值观和文化观念等。这些技巧不仅可以增强媒介传播的效果，还可以使媒介传播更加具有针对性。

媒介的认知影响

　　在现代社会，媒介传播已经成为我们获取和处理信息的主要途径。无论是电视、广播、报纸、杂志,还是互联网和社交媒体,媒体都在我们的日常生活中扮演着至关重要的角色。新闻报道、科普节目、教育节目等为我们提供大量的实时信息、科学知识和生活技能,帮助我们更好地理解和适应这个快速变化的世界(Beckers et al.,2020)。媒介传播的影响并不总是正面的,媒体有时会传播错误、偏见或误导性的信息,导致我们产生错误的认知,做出不利于自己和他人的选择。在新冠疫情期间,我们见证了诸多虚假信息在媒介平台上传播,对于疾病的预防带来了负面影响(Hameleers,Brosius & Vreese,2022;Bastani & Bahrami,2020)。媒体也可能被某些团体或个人用来表达他们的观点和利益诉求,从而影响判断,导致人们对某些群体产生偏见和歧视。

媒介传播的行为影响

媒介传播对我们的行为起到了重要的影响。无论是在日常生活中的决策,还是在重大事件中的选择,媒体的内容和策略都在其中发挥着关键的作用。广告是媒介传播中最直接影响我们购买行为的内容,观众可能会被其中的信息、画面和声音所吸引,而产生购买的欲望(Sahni,2015)。例如,一个描绘家庭温馨的广告会使我们对某一家电产品产生好感,从而选择购买这一产品。购买的决策既基于产品的实用价值,也可能是基于广告的情感表达和社会价值。媒介传播还可以通过平台的权威、信誉、社会角色影响受众的购买行为。当消费者在选择一个旅游目的地时,他们可能会参考各种旅游节目、杂志、网站的推荐和评价,口碑良好的媒介平台的观点往往会产生更大的影响。

媒介传播还可能影响受众的社会参与行为。当受众观看到一则关于某一社会运动的报道或宣传时,可能会被其中的理念和目标所吸引,从而选择参与这一运动。参与的决定既取决于运动的社会意义,也可能是来自媒体的影响力和公信力。

直接效果和条件性效果

媒介传播的直接效果指的是媒体对受众的普遍影响,在大多数情况下,无需考虑个体差异或情境变量。这种观点认为媒体内容直接影响受众的态度、认知和行为,而且这种影响在不同受众之间基本相同(Ross,1992)。例如,广告效果的研究可能关注广告对受众购买决策的直接影响,但是直接效果没有考虑到受众的差异性。媒介传播的条件性效果关注的是在不同情境下,媒体对个体的差异性影响。影响媒介传播效果的因素可能包括受众的性别、年龄、价值观、社会背景等，以及媒体内容本身的特征（Hall，2005）。例如，新闻报道的传播效果可能因受众的政治倾向而有所不同，同一篇报道可能会在政治观点相近的受众中产生积极的影响，却在政治观点相异的受众中引发负面的态度。

　　媒介传播效果研究具有重要的意义，它不仅可以帮助我们更好地理解媒体的影响，还可以指导媒体实践、政策制定和公众教育。（1）媒介传播效果研究有助于揭示媒体的影响机制。通过探究受众如何选择不同类型的媒体内容，可以更好地理解媒介效果产生的原因。（2）了解媒体对受众的影响，可以帮助媒体从业者改进他们的内容制作和传播策略。通过了解哪些信息更容易引发受众的兴趣，哪种呈现方式更能传递信息，媒体制作者可以更好地满足受众的需求。（3）媒介传播效果研究可以揭示有关媒体内容对社会问题和公共政策的影响，政府可以根据研究结果来制定更有效的政策，以应对社会问题和挑战。（4）媒介传播效果研究可以帮助公众更好地理解媒体的影响和潜在风险，提高受众的媒介素养，帮助他们分辨虚假信息，理解媒体的宣传手法等。（5）媒介传播效果研究可以在教育环境中得到应用，培养学生的批判性思维，提升其媒介素养，帮助学生更好地应对媒体的挑战。（6）媒介传播效果研究是传播学领域的重要研究方向之一，对媒介传播效果的深入研究有助于理解媒体与社会互动的多样性和复杂性。媒介传播效果研究的意义在于提供了对媒体影响的科学理解，指导实际应用和决策，同时为学术领域的发展做出贡献。

《火星人入侵》乌龙事件

　　1938 年 10 月 30 日是一个平常的星期日，美国哥伦比亚广播公司（CBS）在电台广播中播出了一部著名的广播剧《火星人入侵》，该小说改编自英国小说家威尔斯的科幻小说《世界大战》。在那个广播的黄金年代，美国人很热衷于收听广播剧，尤其是晚 8 点 CBS 的节目收听率很高。这部广播剧的始作俑者是奥逊·威尔斯，他是一位著名的演员，也作为导演、制片人参与了很多著名影片的制作，例如《公民凯恩》等。威尔斯在 1938 年开始了他有关广播剧的创作，于是一场广播媒介带来的社会风暴开始了。媒体的威力彰显无遗，也引发了人们对于媒体生产控制权的隐忧。

　　在广播剧的开头，作者威尔斯对剧情做了简要的介绍，说明了《火星人入侵》是其原著小说的一个章节。这部广播神剧就在平静的氛围中开播，它的表现形式非常新颖，没有旁白的介绍，而是深度模仿了日常的生活情境。开篇的章节是播音员在播报当日的天气，紧接着是纽约的管弦乐演奏，就像是每一个平静的日子一样。播音员甚至模仿总统罗斯福的声音，一切都和正常的新闻节目一样。在当时，广播是美国最重要的媒介，超过 80% 的家庭拥有收音机设备，收听广播已经成为人们的日常。尽管在节目的开头、中间、结尾播音员先后解释这是一部广播剧，但是观众的思维惯性仍然让他们相信广播中所有播报的内容。节目中主持人突然说道，刚刚有一颗流星撞击了新泽西州的农田，语气局促而焦虑。随后，节目中出现了现场报道的记者，用惊恐的口吻描述着被袭击的现场，就像是现场报道一样：异样的火星生物从飞行物中走出，它们的面容可怕，闪着奇异的光，充满了各种离奇的情节。紧接着，更多的细节被播报出来，火星人凭借强大的武器消灭了 7000 多人的警卫队，火星飞船在美国多地登陆。由于一切太过逼真，并非所有的听众都是从头收听的，很多听众不了解这个广播剧的来龙去脉，于是恐慌开始蔓延。

在新泽西州，这个广播剧中火星人登陆的地方，人们纷纷驾车涌上高速公路，试图逃离火星人的攻击。人们疯狂涌向商店、超市，各类货品被抢购一空。广播剧里有生化攻击的桥段，于是当地民众也纷纷购买防毒设备。民众甚至要求政府切断电力供应，以免成为火星人攻击的活靶子。街道上的交通淤塞，人们疯狂地冲向车站、机场、街头，到处人满为患。慌不择路的人群在街上哭泣，去教堂祈祷，人们打电话与家人诀别。在一片混乱当中，有当地的黑帮趁机劫掠，酿成了更大的社会混乱。那个广播剧中的虚构场景，竟然成为人们眼中可怕的现实。尽管 CBS 迅速发表声明称这是一场闹剧，仅仅是艺术创作，但恐慌仍然持续了很久。

值得注意的是，事后美国的民调机构对于当天的收视情况进行了调查，得到的结论是当天的收听率很低，所谓的混乱是各路媒体渲染出来的。第二天的报纸头条"火星人入侵"占据了所有头条版面，电台的电话被打爆，到处都是困惑的美国民众。这个事件的真相直到今天都莫衷一是，媒体的传播者、调查记者、普通民众各执一词。总之，这场乌龙事件充分凸显出媒体的重要影响。媒体究竟是人们了解世界的窗口？还是操纵舆论的工具？媒体在工业社会中扮演着积极还是消极的角色？这些问题引起了学者们的广泛关注。

媒介强效果论

　　魔弹论,也称皮下注射理论,是一种认为媒体具有强大影响力的理论,盛行于 20 世纪 20—30 年代。这种理论认为,受众在大众媒体面前处于完全被动的地位,媒体就像子弹射击和药剂注射入身体一样,能够精准地影响受众的思想和认知,这种力量是难以抵抗的。《火星人入侵》的例子反映出了媒体的强大影响力,媒体呈现的内容深刻影响着受众对于世界的态度。19 世纪中叶巴纳姆马戏团的宣传技法,缔造了一个个宣传的噱头,将愚弄大众的技巧玩到了极致。20 世纪初普利策和赫斯特的黄色新闻竞争,最终通过虚假的报道将美国引入美西战争之中。大众媒体的宣传作用在一战中被发展到了一个巅峰。传播学先驱哈罗德·拉斯韦尔出版了一本名为《世界大战中的宣传技术》的著作,深入分析了各种战时的媒介宣传技巧。

　　魔弹论认为,媒介像枪支发射出的子弹一样,可以直接影响观众。一旦观众接受了信息,他们就会被这个信息影响。观众被视为被动的接收者,他们不会对信息进行批判性思考或选择性地接受信息,而是直接吸收传递给他们的内容(Katz,2001)。所有的观众都会以相同的方式被媒体影响,没有个体差异。传递的信息会立即影响到接受者,不需要长时间的累积过程。在 20 世纪 20—30 年代,大众商业媒体如广播、电影、报刊的迅速发展和普及,让人们充分地了解了这个世界。学者们普遍相信大众媒体通过"皮下注射"影响舆论的强大威力。这种观念也受到了自然科学的影响,即刺激—反应模式(简称 S-R 模式),可以追溯到经典条件反射的研究,即俄国生物学家伊万·巴甫洛夫(Ivan Pavlov)的实验。刺激—反应模式是心理学和行为科学中的一个基本概念,它描述了一个简单的因果关系:当生物体受到某种刺激时,它会产生一个特定的反应。基于 S-R 模式的研究方法导致了实验方法在社会科学中的广泛使用,尤其是在心理学中。通过控制刺激并观察反应,研究者可以更准确地确定因果关系。

　　在第一次世界大战期间,尤其是在美国,政府大量地制作和发布宣传海报,旨在鼓励公众支持战争,这些宣传材料被认为对民众有直接的影响。第一次世界大战对于宣传活动的发展产生了巨大影响。由于与战争相关的宣传行动,propaganda(宣传)这一术语受到了学界的广泛关注。1918 年,英国政府为应对战时需要,创立了一个专门机构,名为"对抗敌人宣传办公室"(Counter

Enemy Propaganda (Office),这是政府机构首次将宣传纳入正式机构名称。

第一次世界大战结束后,各行各业的专家和记者开始对这场前所未有的宣传战进行研究与反思。有些在战争中涉足宣传的记者透露,他们的宣传中充斥着不实报道,表达了对于偏离新闻原则的遗憾,宣传在西方开始带有某种负面色彩。美国在第一次世界大战期间的公共信息领导者克里尔写了一本关于如何宣传美国的书,书中赞美了他的团队,这加剧了公众对宣传的不安。大部分人开始感觉到,以军事宣传的策略来报道事实似乎对美国的文化和价值观构成了威胁。拉斯韦尔选择了一个不同的研究路径,他试图从社会学的角度去探讨宣传的问题。拉斯韦尔在《世界大战中的宣传技巧》中,强调了宣传者与受众的身份的重要性,将宣传活动的参与者分为四大群体:国内受众、敌人、盟友和中立者。他探索了战时宣传如何通过各种媒介动员民意,重点研究了使用的符号与技巧,并分析宣传的成功与失败因素。拉斯韦尔采取中立立场,视宣传为一种工具,旨在了解其在第一次世界大战中的实际效果,而不是从伦理角度评判。他否认宣传是无所不能的,但认为它是现代社会中的强大工具。

第二次世界大战是魔弹论思想发展的关键时期。在战争期间,各国大量使用宣传来鼓动民众的战争热情、传达政府信息和指导公众观念。鉴于宣传的广泛使用和成功案例,人们开始相信媒体有巨大的影响力。到了20世纪30年代,随着希特勒的崛起,他创建了由戈培尔领导的宣传机构,这个部门全面控制了德国的主要媒体,并支持纳粹的统治和希特勒的战争策略。戈培尔的纳粹宣传机器成功地操纵了德国民众的情绪和观念,为魔弹论的观点提供了进一步的支持。这引起了西方国家的警惕,也加深了人们对军事宣传的反感。

传播学的先驱拉扎斯菲尔德、拉斯韦尔、卡尔·霍夫兰、柯尔特·勒温在其早期的研究经历中,均与两次世界大战有诸多交集。媒介传播效果的诸多经典理论也发端于两次世界大战期间。以勒温为例,他在第二次世界大战期间对军队组织和民众士气进行了研究,专注于使用实验方法来解决社会问题(White,1992)。在战争期间,这种研究方法被视为支持战争的努力,例如如何改进军队食堂的效率。在二战期间,霍夫兰与他的同事们在美国军队心理学部门的支持下,对士兵的反应和宣传的效果进行了大量研究,探讨了宣传如何影响士兵和公众的态度,以及哪种类型的宣传信息最有效,信息源的可信度、信息呈现策略、受众差异对传播效果的影响等(Smith,1983)。拉斯韦尔在二战期间开创了内容分析法,研究敌对国家的媒介传播内容,从而了解敌对国的目的和动机。拉扎斯菲尔德参与了一些与战争相关的研究项目,如研究士兵的士气和对战争的态度(Katz,2001)。媒介传播强效果论时期积累了较为丰富的研究成果,为传播学的学科建立积累了丰富的研究方法、实证材料。但需要指出的是,军事背景的研究与针对普通民众的研究存在明显的区别,相比于战时状态,战后的媒介生态更加复杂,受众的差异化也更加明显。

随着研究的深入,学者们发现媒介魔弹论存在许多问题。媒介魔弹论过于简化了媒体和受众之间的关系,它没有考虑到人们对信息的解读、过滤和处理的过程。魔弹论假定所有人都对媒体信息做出相同的反应,而实际上,人们的文化、背景、价值观、经验等都会影响他们对媒体信息的接收和解读。魔弹论假设受众是被动的,但事实上,受众经常主动地选择、解释和使用媒体内容。魔弹论强调媒介传播效果是立即显现的,实际上许多媒介传播效果是长期积累的,不是立即产生。除了媒体本身外,还有许多其他因素,如家庭、学校、教育、经济状况等,也会影响人们的态度和行为。随着时间的推移,研究者们开始转向更复杂、更微观的理论模型,来更准确地描述媒体和受众之间的关系。

有限效果论

20世纪40—60年代,传播学效果研究进入了下一个阶段——有限效果论时期,这一时期的主要观点是媒体对受众的影响是有限的,受众有选择性地阅读、接受媒体呈现的信息。这种观点认为,个人的主观思考、个人经历等因素会影响媒介传播的效果。提到有限效果论,就不得不提到著名的传播学者——拉扎斯菲尔德。

拉扎斯菲尔德(1901—1976)为传播学研究的发展做出了巨大贡献。与其他初期的传播学者类似,拉扎斯菲尔德在维也纳大学深入学习数学,并获得了数学博士学位。他的研究领域跨度很大,包括大众传播、政治选举、民意调查以及教育心理学等,他致力于使用数学的方法来解读人类的思维、行为和变化。拉扎斯菲尔德确立了传播学的实证研究范式,他是最先采用实证调查方法来探究传播效果的学者,这种方法影响了现代美国传播学的实证研究倾向。他提出的"舆论领袖"和"两级传播论"等理论在当下仍然受到广泛关注和应用。拉扎斯菲尔德被视为美欧传播研究的纽带,在他的时代,欧洲的社会学科偏向于批判性的思考,更注重思辨探讨而较少实证研究。他与法兰克福学派的开创者霍克海默、弗洛姆和阿多诺有着深厚的联系,并深受欧洲的学术影响,特别是批判学派的理念。美国的社会科学研究则更偏向于行为主义和实证研究。拉扎斯菲尔德致力于寻找这两种方法之间的平衡。他在自传中提到,尽管批判学派的观点极大地拓展了他的学术视野,但他更倾向于通过与人们的实际交往来验证这些观点。

在 1940 年的美国总统竞选中,拉扎斯菲尔德的团队追踪了俄亥俄州伊利县的 600 名样本人口,在选举日之前的 7 个月里对他们进行追踪采访。伊利县调查是在 1940 年的美国总统选举中进行的一项系统性研究,目的是探索大众媒体对选民的政治决策过程的影响。这次选举是富兰克林·罗斯福和温德尔·威尔基之间的竞选,拉扎斯菲尔德和他的团队希望了解媒体如何影响选民的态度和投票决策。此研究的一个核心发现是,媒体对大部分选民的直接影响相对有限,即媒体不太可能直接改变选民的意见,但它能够强化已有的观点。更为重要的是,拉扎斯菲尔德提出了"两级传播"理论,即信息不是直接从媒体流向大众,而是通过"意见领袖"进行的,这些"意见领袖"首先从媒体获得信息,然后将其传达给他们的社交网络。基于伊利县调查的研究结果,拉扎斯菲尔德于 1944 年出版了《人民的选择》,这本书详细描述了伊利县调查的方法、发现和结论,并为后来的传播学研究提供了一个重要的理论框架。伊利县调查和《人民的选择》为我们提供了关于媒体如何影响公众的宝贵见解,这一研究对传播学、政治学和其他社会科学领域都产生了深远的影响。

"媒介有限效果论"是 20 世纪中期发展起来的一个传媒效果研究理论,与其之前的强效果论相对。以拉扎斯菲尔德为代表,后继学者进行了进一步的研究,并揭示了在电视作为主导媒介时期,媒介传播效果的相关规律。

选择性接触:选择性接触(Selective Exposure)是传播学和心理学中的一个重要概念,指的是人们倾向于寻找、接触和消费那些与他们现有态度或价值观一致的信息,而避免那些与自己持有的观点相悖的信息(Stroud,2008)。这种倾向源于人们的心理需要,如认同感、安全感和自我肯定。选择性接触的主要原因是人们的认知失调,即当人们遭遇与自己既有认知相冲突的信息时,他们可能会经历一种不愉快的心理紧张状态,这种状态被称为"认知失调"。为了减少或避免这种状态,人们可能会选择只接触那些与自己看法一致的信息。人们始终在与自己观点相符的信息环境中,可能导致他们的观点进一步极端化,减少他们的开放性和接受不同观点的可能性。

选择性知觉:选择性知觉(Selective Perception)是心理学和传播学中的一个核心概念,指的是人们在接收和解释信息时,基于自己先前的经验、价值观和期望,选择性地接收和理解某些信息,忽略其他信息(Bulck,1995)。这种知觉偏差意味着面对相同的信息时,不同的人可能会有不同的感知和解读。选择性知觉现象的出现是为了减少认知失调和维护自我概念。当人们遇到与自己的观念相冲突的信息时,他们会选择性地解释或忽略这些信息,以保持内在的心理平衡。选择性知觉可以导致认知偏见,可能加强并维持对某些社会群体的刻板印象。

选择性记忆:选择性记忆(Selective Retention)指的是人们在回忆过去的经历时,更容易记住某些情境、情感,而遗忘或扭曲其他的方面,这种偏见的记忆方式通常受到心理因素的影响(Arendt,Steindl & Kümpel,2016)。选择性记忆的产生有以下三种原因。(1)情感的影响:强烈的情感体验,无论是正面的还是负面的,往往更容易被记住。例如,人们可能更容易记住生活中的高潮和低谷,而忘记那些平淡的日常经历。(2)认知失调:为了维持自我概念和心理平衡,人们可能会忘记或扭曲与自己的观念或价值观相悖的经历。(3)重复效应:经常被提及的事件更容易被记住。由于选择性记忆,人们可能会形成或加强对某些群体的刻板印象。由于人们在决策时通常会参考过去的经验,这种倾向会影响到人们的决策过程。在人际关系中,选择性记忆可能导致误解和冲突,冲突的双方只记得过去的冲突,而忽略了双方之间的愉快时光,从而导致双方误会的加剧和升级。

媒介有限效果论的出现主要是基于大量的实证研究,尤其是有关选举和政治传播的研究。研究者发现,与其说媒体能够直接改变选民的观点,不如说媒体更多的是加强了选民已有的观点。媒介有限效果论为我们提供了一个更为复杂、多元的视角,让我们认识到媒体并不是一个全能的操纵者,受众也不是被动的接受者,他们在接收和处理媒体信息的过程中有自己的主观能动性。

回归强效果论

20世纪70—80年代,研究者开始重新审视媒体效果,并发现在某些情境和条件下,媒体仍然可以产生强大的影响,这一时期被称为"回归强效果"的阶段。在此时期,随着社会科学研究方法的发展和创新,学者们开始使用更加复杂和精细的方法来研究媒体效果。这些新方法提供了更为详尽和精确的数据,支持了媒体对公众有较强影响的观点。媒体环境的多样化和个性化趋势进一步发展,受众可以选择更与自己的兴趣和观点相符的内容,加强了媒体的影响。

议程设置理论

回归强效果论重点关注媒体如何通过选择报道的内容和体裁影响公众的知觉，议程设置理论便是其中的代表。该理论主要探讨了媒体如何通过选择、强调和排列新闻话题来影响公众对特定议题的关注和认知，其最早由麦库姆斯（Maxwell McCombs）和肖（Donald Shaw）在1968年提出，后来得到了广泛的研究和发展。议程设置理论认为，媒体不仅影响人们如何思考特定问题，还影响了人们认为哪些议题是重要的。媒体在报道新闻时，会选择性地报道一些话题，而忽略其他话题，媒介内容的选择倾向会影响公众对不同话题的关注度和重要性认知，媒体报道的内容、频率和位置都会影响公众对特定议题的了解程度（Vu et al.，2019）。通过媒体的报道，人们获得信息后形成的认知被称为公众议程。媒体报道呈现的议题会影响公众议程，影响公众的意识形态、价值观和政治态度。如环境保护、社会正义、公共健康等社会议题，在媒体的报道和讨论下往往能够引起广大公众的关注，甚至会转化为实际行动。

议程设置理论在政治传播领域有诸多的讨论。媒体的议程设置不仅可以塑造选民对政治候选人、政策和议题的认知，还可以左右他们的投票选择（Soroka，2002）。政治人物经常利用媒体作为一个工具，通过发表声明、接受采访或参与公共活动来塑造和传达他们的政治形象和立场。政府议程往往会受到媒介议程的影响，当媒体对某一议题给予大量关注时，政府可能会将其视为紧急或重要，从而调整其政策制定的方向和重点。媒体还在文化层面上发挥着重要作用，通过报道和强调某些文化价值观和社会习惯，媒体可以加强或改变公众的看法。例如，对于家庭、教育、性别平等等议题，媒体的报道方式和角度可能会影响公众的观点和态度（Hepp，Somerville & Borisch，2019；Satz，2008）。议程设置理论强调了媒体在塑造公众意识、影响社会议题和政治决策方面的重要作用，表明媒体不仅是信息的传递者，还是社会议程和公共意识形态的塑造者。

框架理论

框架理论是强效果论回归的另一代表，它关注的是媒体如何通过特定的语言、符号和结构来影响人们对特定事件、议题或主题的认知和理解。框架理论强调媒体如何在报道中选择、强调和呈现特定的信息，从而塑造公众对事物的看法和理解。框架是一种认知结构，它为人们的思维提供了一个组织和解释信息的方式。框架可以理解为一种"意义结构"，帮助人们对信息进行分类、解释和评价(Roslyng & Dindler，2022)。媒体在报道时会选择一些特定的框架，即从众多可能的视角中选择一种来呈现。媒体会通过强调特定的信息、角度或细节来引导受众对事件的注意，影响人们对事件的重要性和意义的理解。媒体选择呈现某种框架的同时，也会排除其他框架，这会导致受众只从特定角度理解事件，而忽视其他可能的解释(Carragee & Roefs，2004)。媒体选择的框架会影响受众的态度和行为，人们对同一事件的看法可能因为不同的框架而有所不同。

框架理论在各个领域都有广泛的应用。媒体的政治报道会通过特定的框架影响公众对政治人物、政策和选举的看法，可以影响公众对社会问题(如犯罪、移民、贫困等)的理解和支持。媒体的环境报道可以通过不同的框架影响公众对环境问题的态度，健康相关的框架可以影响人们对医疗信息的解读。了解媒体选择和呈现信息的方式，可以帮助人们更好地分析和评估媒体报道，从而更全面地理解事物。

其他理论

在20世纪70—80年代，学者的研究揭示了长时间接触电视内容会影响受众的现实世界观念，使其更接近电视所描述的现实。格伯纳的研究发现，频繁观看电视的人更倾向于相信现实世界与电视中的世界相似，并以此提出了涵化理论(Pelzer & Raemy，2020)。班杜拉的玩偶实验显示，孩子们会模仿他们观看到的暴力行为，并依据此实验发展了社会学习理论。人们通过观看他人在媒体中的行为，尤其是当这些行为带来奖励或惩罚时，来学习如何行事(Tryon，1981)。诺依曼(Noelle-Neumann)发现媒体通过强调某一观点而忽略其他观点，可以导致公众的沉默。人们害怕与主流意见相悖，所以当他们认为自己的观点是少数时，更可能保持沉默(Sohn，2019)。在这一阶段，研究者重新认识到媒体的潜在力量，但同时也意识到这种效果是复杂的、多层次的，并且受到许多其他因素的影响。尽管受众不再被视为完全被动的接收者，但在某些条件下，媒体仍然可以产生深远的影响。在此阶段，学者的研究充分考察了媒体受众的多样性。媒体对于个人的影响受制于内在、外在、环境、文化的条件，媒体对于受众的影响具有复合的属性。

新媒体时代的媒介效果

去中心化的传播与多样化的信息源

在传统媒体的时代，媒体组织如报社、电视台和广播公司是主导的信息提供者，它们掌握了信息的生产、编辑和分发权。信息传递的路径相对简单直接，从中心节点向外扩展到大众。但随着互联网和社交媒体的兴起，信息传播的模式发生了革命性的变化。每个互联网用户都可以是信息的创作者、编辑和分发者，从而导致了传播的去中心化。在这个多样化的信息环境中，个人、团体和机构都可以在相同的平台上发布和分享内容，使得受众拥有众多的信息选择。而这种去中心化也带来了另一个效应：信息验证的复杂性。当信息从各个角落涌现时，确认其真实性和准确性变得尤为重要。因此，虽然新媒体环境为人们提供了更多的表达和分享机会，但也加大了他们在信息接触中的判断和筛选的负担。

算法驱动的信息茧房与极化效应

传统的媒体环境中，受众在有限的渠道中选择信息。然而，随着数字技术和社交媒体的发展，内容推荐逐渐由算法驱动，这导致了信息茧房现象。算法通常基于用户的浏览历史、点击行为和社交网络来个性化地推荐内容，这可能导致用户反复接触到与其观点和兴趣相符的信息，而难以观察到不同的视角。此外，社交媒体的群体效应也加强了这一现象。当人们看到朋友、家人或社交媒体影响者分享、点赞或评论某个内容时，他们更可能被那些信息吸引，从而形成一个信息的回音室，加剧了观点的偏见和极化。这种情境使得社会在某些议题上更加分裂，因为不同的群体可能基于完全不同的信息来源来形成观点，导致了对话和理解的困难。

跨媒体传播与多屏幕互动的挑战

在数字化的世界中，受众不再仅仅与单一的媒体互动。他们常常在多个设备上，如手机、电脑、平板和电视之间切换，体验跨媒体的内容。例如，一个人可能在观看电视节目的同时，使用手机查找相关的信息或在社交媒体上参与讨论。这种多屏幕的互动行为提供了新的传播机会，但也带来了挑战。传统的媒体效果测量方法，如收视率或点击率，可能无法完全捕捉到这种复杂的互动行为。多屏幕互动也要求内容创作者在设计传播策略时，考虑到受众可能在多个设备上的不同体验和需求。这增加了传播策略的复杂性，但也为品牌和组织提供了与受众深度互动的机会，可以通过为他们提供有意义和相关的多屏体验来增强关系。新媒体和网络技术的发展对传播效果理论和实践带来了新的视角和挑战。在这个快速变化的时代，无论是学者、媒体从业人员还是公众，都需要不断地学习和适应，以更好地理解和应对这个多样化、互动化的传播环境。

本章小结

媒介效果理论的发展并不是一个孤立的学术演变，而是与媒体技术的进步和社会文化的变迁紧密相连的。在 20 世纪初，媒体技术刚刚起步，社会对其充满了好奇和敬畏，因此很容易接受媒体具有近乎全能的影响力的观点。彼时，人们普遍认为媒体可以像注射剂一样，将信息直接传递给大众，而大众则是被动接受的对象。随着时间的推移，人们开始意识到媒介的影响并不是那么单一和直接。社会文化、个人背景、教育水平和经验等因素都会影响人们如何解读和回应媒体内容，受众的主动性逐渐被认为是决定媒体效果的关键因素。这个转变不仅仅是学术上的突破，它也反映了社会和文化在对待信息和知识态度上的变化。

随着全球化和技术的进步，社会结构和文化互动越来越复杂，研究者开始关注媒体如何与这些复杂的社会现象互动。如今，我们处于数字化、互联网和社交媒体的时代，媒介效果理论也在不断适应新的技术和文化环境，探索媒体如何与各种社会力量相互作用。这一理论领域的持续演进为我们提供了宝贵的视角，帮助我们更加深入地理解媒体与社会的复杂关系。梳理媒介理论的发展历程，有助于我们理解第三人效应的诞生与发展。

● **本章参考文献**

哈罗德·D. 拉斯韦尔. 世界大战中的宣传技巧. 北京: 中国人民大学出版社, 2003.

保罗·F. 拉扎斯菲尔德. 人民的选择. 北京: 中国人民大学出版社, 2012.

Arendt，F.（2013）．News stereotypes，time，and fading priming effects. *Journalism & Mass Communication Quarterly*，90，347-362.

Arendt，F.，Steindl，N. & Kümpel，A.（2016）．Implicit and explicit attitudes as predictors of gatekeeping，selective exposure，and news sharing：Testing a general model of media—related selection. *Journal of Communication*，66，717-740.

Arias，E.（2018）．How does media influence social norms? Experimental evidence on the role of common knowledge. *Political Science Research and Methods*，7，561-578.

Bastani，P. & Bahrami，M.（2020）．COVID-19 related misinformation on social media：A qualitative study from Iran. *Journal of Medical Internet Research*.

Beckers，K.，Aelst，P. Verhoest，P. & D'Haenens，L.（2020）．What do people learn from following the news? A diary study on the influence of media use on knowledge of current news stories. *European Journal of Communication*，36，254-269.

Boukes，M. & Vliegenthart，R.（2019）．The knowledge gap hypothesis across modality：Differential acquisition of knowledge from television news，newspapers，and news websites. *International Journal of Communication*，13，22.

Bulck，J.（1995）．The selective viewer. *European Journal of Communication*，10，147-177.

Burton，J.，Gollins，J.，McNeely，L. & Walls，D.（2018）．Revisiting the relationship between ad frequency and purchase intentions. *Journal of Advertising Research*，59，27-39.

Carragee，K. & Roefs，W.（2004）．The neglect of power in recent framing research. *Journal of Communication*，54，214-233.

Galantucci，B.，Kroos，C. & Rhodes，T.（2010）．The effects of rapidity of fading on communication systems. *Interaction Studies*，11，100-111.

Gulyás，Á.，O'Hara，S. & Eilenberg，J.（2018）．Experiencing local news online：Audience practices and perceptions. *Journalism Studies*，20，1846-1863.

Hall, A. (2005). Audience personality and the selection of media and media genres. *Media Psychology*, 7, 377-398.

Hameleers, M., Brosius, A. & Vreese, C. (2022). Whom to trust? Media exposure patterns of citizens with perceptions of misinformation and disinformation related to the news media. *European Journal of Communication*, 37, 237-268.

Happer, C. & Philo, G. (2013). The role of the media in the construction of public belief and social change. *Journal of Social and Political Psychology*, 1, 321-336.

Hepp, P., Somerville, C. & Borisch, B. (2019). Accelerating the United Nation's 2030 global agenda: Why prioritization of the gender goal is essential. *Global Policy*.

Hong, Y. & Kim, S. (2020). Influence of presumed media influence for health prevention: How mass media indirectly promote health prevention behaviors through descriptive norms. *Health Communication*, 35, 1800-1810.

Katz, E. (2001). Lazarsfeld's map of media effects. *International Journal of Public Opinion Research*, 13, 270-279.

Katz, Y. (2009). Protecting local culture in a global environment: The case of Israel's broadcast media. *International Journal of Communication*, 3, 19.

Kim, J. & Rubin, A. (1997). The variable influence of audience activity on media effects. *Communication Research*, 24, 107-135.

Krahé, B., Möller, I., Huesmann, L., Kirwil, L., Felber, J. & Berger, A. (2011). Desensitization to media violence: links with habitual media violence exposure, aggressive cognitions, and aggressive behavior. *Journal of Personality and Social Psychology*, 100(4), 630-646.

Mattoni, A. (2017). A situated understanding of digital technologies in social movements. Media ecology and media practice approaches. *Social Movement Studies*, 16, 494-505.

Mayrhofer, M. & Naderer, B. (2019). Mass media as alcohol Educator for everyone? Effects of portrayed alcohol consequences and the influence of viewers' characteristics. *Media Psychology*，22，217-243.

Moon，S. & Nelson，M.（2008）. Exploring the influence of media exposure and cultural values on Korean immigrants' advertising evaluations. *International Journal of Advertising*，27，299-330.

Nah，S. & Chung，D.（2012）. When citizens meet both professional and citizen journalists：Social trust，media credibility，and perceived journalistic roles among online community news readers. *Journalism*，13，714-730.

Pelzer，E. & Raemy，P.（2020）. What shapes the cultivation effects from infotaining content? Toward a theoretical foundation for journalism studies. *Journalism*，23，552-568.

Porumbescu，G.（2017）. Not all bad news after all? Exploring the relationship between citizens' use of online mass media for government information and trust in government. *International Public Management Journal*，20，409-441.

Prestin，A. & Nabi，R.（2020）. Media prescriptions：Exploring the therapeutic effects of entertainment media on stress relief，illness symptoms，and goal attainment. *Journal of Communication*，70，145-170.

Roslyng，M. & Dindler，C.（2022）. Media power and politics in framing and discourse theory. *Communication Theory*.

Ross，M.（1992）. Television news and candidate fortunes in presidential nomination campaigns. *American Politics Research*，20，69-98.

Ryffel，F. Wirz，D.，Kühne，R. & Wirth，W.（2014）. How emotional media reports influence attitude formation and change：The interplay of attitude base，attitude certainty，and persuasion. *Media Psychology*，17，397-419.

Sahni，N.（2015）. Effect of temporal spacing between advertising exposures：Evidence from online field experiments. *Quantitative Marketing and Economics*，13，203-247.

Satz，D.（2008）. Equality，adequacy，and educational policy. *Education Finance and Policy*，3，424-443.

Shawki，N.（2013）. Understanding the transnational diffusion of social movements. *Humanity & Society*，37，131-158.

Smith，M.（1983）．The shaping of American social psychology. *Personality and Social Psychology Bulletin*，9，165-180.

Soroka，S.（2002）．Issue attributes and agenda setting by media，the public，and policymakers in Canada. *International Journal of Public Opinion Research*，14，264-285.

Street，J.（2005）．Politics lost，politics transformed，politics colonised? Theories of the impact of mass media. *Political Studies Review*，3，17-33.

Stroud，N.（2008）．Media use and political predispositions：Revisiting the concept of selective exposure. *Political Behavior*，30，341-366.

Sohn，D.（2019）．Spiral of silence in the social media era：A simulation approach to the interplay between social networks and mass media. *Communication Research*，49，139-166.

Sousa，H.（2006）．Information technologies，social change and the Future. *European Journal of Communication*，21，373-387.

Tomlinson，J.（2011）．Beyond connection：Cultural cosmopolitan and ubiquitous media. *International Journal of Cultural Studies*，14，347-361.

Tryon，W.（1981）．A methodological critique of Bandura's self-efficacy theory of behavior change. *Journal of Behavior Therapy and Experimental Psychiatry*，12(2)，113-114.

Vu，H.，Jiang，L.，Chacón，L.，Riedl，M.，Tran，D. & Bobkowski，P.（2019）．What influences media effects on public perception? A cross-national study of comparative agenda setting. *International Communication Gazette*，81，580-601.

Walgrave，S. & Aelst，P.（2006）．The contingency of the mass media's political agenda setting power：Toward a preliminary theory. *Journal of Communication*，56，88-109.

White，R.（1992）．A personal assessment of Lewin's major contributions. *Journal of Social Issues*，48，45-50.

Wright，Charles R.（1959）．Mass communication：A sociological perspective. New York：Random House.

<<< **第二章**

第三人效应的起源

　　第三人效应继承了媒介效果论中关于媒体对公众认知、态度和行为的影响的基本观点，它与其他媒介效果理论共同强调了媒体的潜在影响力。现有研究发现第三人效应在不同文化和社会背景中普遍存在，其重要贡献在于揭示出了受众的认知偏差，及其对态度和行为的影响。从本章开始，本书将系统讨论该理论的起源与发展，以及具体运用场景。

二战档案中偶然的发现

　　与许多其他的传播学先驱一样，戴维森（W. Phillips Davison）的学术探索起源于第二次世界大战的信息传播策略。在这场战争中，各国利用空中散发的传单来进行心理战。传单通过飞机或热气球投放，旨在影响敌方控制地区的军人与平民，有时与空袭同时进行。配合人道主义的空投行动，此策略能使敌国平民产生对其母国的反感情绪，同时为与敌方军队的接触做准备。传单战被认为有以下作用：（1）造成心理压迫，提醒敌方军人及平民所在地可能成为袭击对象，这样做既能降低无辜受害者的伤害程度，又能鼓励敌方放弃职责，进而削弱目标军事价值；（2）鼓励投降，为可能的逃兵提供投降指南；（3）提供奖励，刺激人们助力或选择背叛；（4）散播或反驳虚假信息，打击敌方军心；（5）建立交流，传递攻方理念，为己方创造友善环境，表明己方的正义立场；（6）告知人道援助，指导人们如何找到并使用空投食物，并告知时机（Chao，

2011)。

1983 年，《公共舆论季刊》发表了戴维森教授名为《第三人效应》的文章（Davison，1983）。他在哥伦比亚大学任教时，引用了两位年轻学者的对话。当研究二战时期的资料时，他们发现了一个有趣的事实。在硫磺岛战役中，面对美军的黑人部队，日军试图以传单宣称这场战争仅为白人的利益而战，与黑人士兵利益无关。尽管没有证据显示这些传单影响了士兵，但美国白人指挥官重新调整了部队结构，并在第二天撤离了黑人部队。这是什么原因？是白人指挥官的愧疚、军队内部的种族问题，还是军队士气受损？戴维森对此产生了浓厚兴趣。尽管日军的传单并未直接影响黑人士兵的战斗士气，但白人指挥官明显感受到了某种潜在风险：他们可能认为自己能坚守阵地，但对其他人尤其是黑人军团的忠诚度产生了怀疑。

为何在硫磺岛战役中，美军的白人指挥官做出了这样的决策？这是一个需要进一步深入研究的问题。戴维森在文章中（Davison，1983）明确指出，当我们估计某种信息对他人的影响时，我们的判断可能会受到认知偏见的影响。这不仅是对战时信息战的反思，更是对当代社会信息传播的反思。戴维森在文章中为我们揭示了一个深入人心的传播现象，即人们普遍认为自己相对不受媒体信息的影响，但却相信其他人会被同样的信息所影响。这种观点反映了一种认知偏见，即我们高估了媒体对他人的影响力，同时低估了其对自己的影响。感知到这种偏见的人们可能会支持某些形式的媒体审查，因为他们担心负面媒介信息对社会的其他成员产生严重的负面影响。认知偏见与我们的自尊和自我感知有关，人们通常认为自己有足够的判断力，能够理性地处理接收到的信息，而对于他人，则往往认为他们容易受到误导或被操纵。

在 20 世纪 50 年代，戴维森深入研究了与公共政策相关的问题。在针对联邦德国媒体对政府策略的影响的研究中，他观察到了公众对于媒体影响的不同看法。这一探索的目标群体是联邦德国的新闻工作者，通过访谈了解他们对于媒体效应的意见——即报纸内容是否会影响读者对联邦德国政策的看法。新闻工作者普遍认为，媒体报道对大众的理解有显著影响，但对于新闻从业者来说影响较小，这可能是关于第三人效应的最初实证调查。戴维森随即提出了第三人效应的核心概念——人们往往过高估计大众传播对其他人观念和行动的影响。更精确地说，那些接收到说服性信息的人会觉得，这些信息对其他人的效果大于对自己。自此，第三人效应成为传播学中最受瞩目的理论之一。

面对媒体信息，人们往往认为其对于自己和他人的影响是不同的，并据此采取行动。家长可能因为第三人认知而抗议食品广告（Adams et al.，2012），政治家可能对含有政治倾向的媒介信息表示不满（Freedman，Franz & Goldstein，2004），某些保守组织可能反对关于同性恋的信息传播（Ho et al.，2012）。第三人效应会导致限制媒体某些信息的行为，例如针对媒介中的色情、暴力信息的审查。戴维森在他的文章中提到，此现象在第一次世界大战期间已经被观察到，无论是针对敌方的宣传还是军队内部的宣传，这一模式都显得尤为关键。对于操纵军事宣传的人来说，他们可以运用宣传策略来降低敌方的士气以实现军事目标。在第二次世界大战期间，同盟国曾在战争中通过广播和公开的电文向德军飞行员发出邀请，劝说他们投降并加入同盟军。这些信息都是公开传播的，盟军很清楚德国军队会监听这些信息。戴维森（Davison，1983）在文章中有如下的记述：

> 这次行动的好处并不在于实际的逃兵数量，而在于反击措施的效果。德国当局将不得不对飞行人员采取加强反逃亡措施，并指示战地警察对每一个人都要保持怀疑。这种做法将对士气产生严重影响。此外，这次行动导致了德军根据飞行员的可靠性和忠诚度来提拔军官，而不是作战的实际能力。

第三人效应的认知部分

戴维森在描述第三人效应时曾指出，在评估传播效果的过程中，信息的接收者认为受到最大影响的并不是自己，而是其他人。人们有一种天然的倾向，希望看到自己在正面、有利的情境中，相信自己不容易受到负面媒体影响，这是一种提升自我认同感和自尊的方式。这种效应的强度与个体和其他人的社会和心理距离有关，当人们认为某个人或群体与我们存在较大的差异，包括年龄、文化、收入、学历、职业背景，或者是地理位置，人们更倾向于认为他人容易受到媒体内容的影响。反之，那些与我们相似的其他人，我们认为他们受媒体影响的程度会较小。

第三人效应不仅是一个感知问题，还涉及我们如何评价和应对媒体内容，特别是当这些内容被认为是负面的、有害的。例如，对于某些被视为具有负面意义的节目，如暴力、色情或误导性广告等，第三人效应更为明显。为了维持自尊或自我认同，人们可能会认为自己比其他人更加理性或不受影响。第三人效应揭示了人们在评估媒体影响时存在的认知偏差,这种认知倾向在许多情境中都可能显现,从政策决策到日常生活的各种选择。第三人效应不仅是一个认知现象,它还可能引发行为响应。例如,当认为其他人受到负面媒体内容的影响时,人们更可能支持对此类内容的监管或限制。研究第三人效应对于政策制定尤为重要,因为它可能会影响公众对于某些政策的支持度。例如,如果大多数人认为青少年受到暴力视频游戏的负面影响,他们可能更支持对这些游戏的销售进行更严格的监管。见图 2.1。

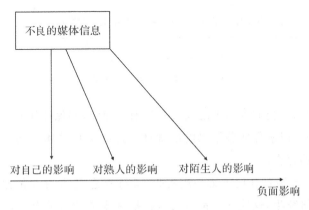

图 2.1　第三人效应示意图

在 1983 年的文章中,戴维森重点探讨了社会中的某些不受欢迎的信息,如战争宣传、强调物质主义的媒体内容以及大选中的带有偏见的广告,他的早期模型并没有涉及正面的媒体信息。对于鼓励人们采取正面行为或态度的信息,如戒烟和推广健康生活方式,公众是否也认为这些信息对他人的影响更大呢? Gunther 和 Thorson 在 1992 年的研究中指出,公益广告中的正面内容,确实使人们更容易觉得自己比其他人更容易受到积极价值和行为的吸引。Perloff 于 1993 年对第三人效应相关文献进行了元分析,他提出了所谓的"反向第三人效应"或"第一人效应"。图 2.2 描述了这种第一人效应模型。当自己接收到某些正面的媒介信息时,人们倾向于认为此类信息对自己的影响比对其他人更大。在这种情境中,虽然自我与他人之间的社会距离维持不变,但人们更倾向于承认自己受到信息的积极影响(Golan & Day,2008)。而相较于自己,他人可能只是受到了微弱的正面效果,或者几乎没有受到任何影响。

在探索第三人效应的过程中,戴维森投入了大量的时间进行研究。他提及了四项早期的实验,这些实验成为他探索该理论的基石。在策划每次实验

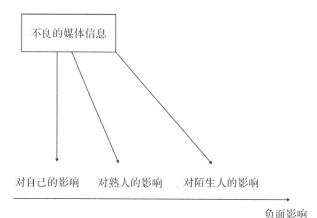

图 2.2　第一人效应示意图

时，戴维森确保了所有参与者之间没有先前的交流，并保证他们对实验的具体目的毫无所知，以确保实验结果的准确性。这些实验总体上都进一步证实了第三人效应的存在。

1978 年，戴维森开展了第一次实验，参与者是 33 位在哥伦比亚大学修读大众传播的研究生，这些学生都对大众传播和媒体的影响有一定的了解和研究。在这一年，纽约州经历了一场政治风波，由于一系列的示威和抗议活动，纽约的三大报纸都暂停了发行，这种特殊的社会背景为戴维森的实验提供了一个独特的研究环境。在实验中，参与者不仅被询问了他们对纽约人的整体印象，还被要求分享自己的生活体验和对当时政治氛围的看法。研究中的一个调查问题是："凯里州长多次呼吁杜耶先生[共和党挑战者]公开他的所得税申报表。你认为这对纽约人在州长选举中的投票倾向有多大影响（打分区间为 1～7）？"这个问题旨在探索媒体报道和政治宣传对公众投票行为的影响。研究结果显示，当参与者评估政治新闻对他们自己的影响时，他们给出的分数普遍较低；但当他们评估这些新闻对其他纽约人的影响时，分数则相对较高。

1981 年，戴维森进一步研究了电视广告如何塑造和影响观众的消费观念，这一研究为后续从第三人效应角度探索广告策略提供了重要的理论视角。25 位研究生被邀请参与这项研究，他们是调查对象，也是日常生活中的电视观众。他们被问及与电视广告和购买行为相关的问题，例如："你是否曾在观看某个电视广告后，向家长提出要购买一些原本并不迫切需要的物品？"接下来的问题则更为具体："你认为电视广告是否会促使孩子们向家长提出购买一些非必需品的要求?"研究结果再次证实了这个有趣的现象,人们普遍认为广告对他人的影响要大于对自己的影响。

在 1980 年的美国总统大选前夕,戴维森还进行了两项相关实验,这两项实验均进一步印证了第三人效应的存在。值得注意的是,尽管戴维森的初步研究在当时可能只是基于他的个人观察和兴趣,但它在学术界引起了广泛的关注和讨论。从 20 世纪 80 年代至今,尽管媒体环境和消费者行为都经历了翻天覆地的变化,第三人效应仍然被不断地证实。这一现象不仅在传统媒体中存在,在当今的数字时代仍然普遍存在。回顾过去几十年,我们可以清晰地观察到媒体环境的变迁。20 世纪 80 年代,电视、报纸、杂志和广播是信息传播的主要渠道,它们在当时的社会中占据了主导地位。随着时间的推移,宽带网络和移动互联网逐渐崭露头角,成为新的信息传播工具。每隔几年,媒介技术都会经历一次重大的变革,从传统的线性传播到如今的互动式传播,从单一的信息源到多元的信息平台。然而,尽管媒体环境发生了如此巨大的变化,第三人效应这一认知偏见仍然存在(Perloff & Shen,2023)。在当下这个每天都可以轻松接触到大量信息的世界中,人们仍然认为自己不受媒体的影响,而其他人更容易受到影响。今天的新媒体不再是冷酷、无感的机器,手机、平板和其他智能设备已经成为我们生活中不可或缺的一部分,它们不仅是信息的载体,更是我们日常生活的助手。正如尼葛洛·庞帝在 1996 年出版的《数字化生存》一书中所预言,随着技术的发展,人们的生活将越来越受到数字媒体的影响和支配。当媒体技术不仅仅是传递信息的工具,而是成为我们生活中的一部分,我们应该如何看待第三人效应呢?

为何戴维森这篇文章能引起如此广泛的关注? 首先,作者提出的理论观点具有很强的直观性和普遍性。尽管有些学者对第三人效应的实际价值表示怀疑(Banning,2001),但大部分研究都证明了这一效应在多个领域,特别是对政治广告的监管和色情内容的分级制定(Salwen,1998;Gunther,1995),具有重要的价值。回溯历史我们可以看到,自从大众媒体出现以来,其对社会和公众的影响力一直是人们关注的焦点。从 19 世纪末的黄色新闻引发的公众信任危机、二战时期的纳粹宣传,到当下的互联网社会,媒体的角色和影响力在各个历史时期都被广泛讨论。其中的一个核心问题是:人们是否真的受到了媒体的影响,还是认为只有其他人受到了影响? 这一问题也是戴维森研究中探讨的核心。在战争和社会动荡的背景下,新闻报道和公共舆论的角色变得尤为关键,权力阶层普遍认为,负面新闻发布可能导致社会不稳定,因此需要加以管控。这种担忧背后正是第三人效应的影子，对于决策者而言，媒体真正影响的不是对他们自身，而是普通的媒介受众。

从社会科学的角度看，第三人效应与多个评估理论的标准相符合。一个优秀的理论应该具有广泛的适用性，能够在不同的文化和社会背景下得到验证。Paul 等学者曾在 2010 年对于第三人效应的研究进行了元分析，大部分关于第三人效应的研究都集中在西方国家，在部分其他地区也得到了证实，第三人感知可能是一种稳定的心理特性，适用于不同的国家背景和社会文化。对于不同国家受众的比较研究，目前的实证材料仍然存在诸多缺失，例如国家的发展水平、国民生活水平、政治体制、新闻体制、媒介的所有权、媒体产业的发达程度等因素如何影响第三人感知，相关的研究目前仍然较为匮乏。Paul 的元分析还表明，不同媒介形态中，第三人效应普遍存在。人们可能会想当然地认为，电视比印刷媒体更有影响力和说服力，但是分析表明两者间的第三人效应并不存在显著差异。此外，Paul 等人的研究揭示，实验法和调查法在研究结果上不存在显著差异，第三人效应的强度近似。

第三人效应的行为部分

第三人效应不仅是一个感知的偏见，还与行为有关，当人们认为媒体对他人产生了负面影响时，他们可能会采取行动来纠正或减轻这种影响。这种行为反应很大程度上受到媒体内容的性质和社会对该内容的期望所影响。例如，当被问及暴力电视节目的影响时，人们可能会认为这些节目对其他观众产生强烈的负面效应，这种认知会促使他们支持对此类节目进行更严格的审查或限制（McLeod，Eveland & Nathanson，1997）。

对于被广泛认为具有负面社会影响的媒体内容，如暴力、色情或歧视性内容，人们更容易形成共识，并对其产生更强烈的情感反应，促使人们采取行动，以抵制负面影响。对此类媒介信息的普遍排斥反映了社会价值观和集体态度，受到群体规范的影响，个体也因此更有可能对于负面媒介内容的限制予以支持（Sun，Shen & Pan，2008）。当大多数人都认为某种电子游戏可能导致青少年暴力行为，那么这种观念就可能转化为政策建议，甚至成为法律法规（Ivory & Kalyanaraman，2009）。然而，也应该注意到，不是所有人都会对第三人效应产生的感知差异作出反应。有些人可能对这种效应免疫，认为自己和其他人受到的影响是相似的；还有一些人可能会对特定内容产生更强烈的反应,而对其他内容则相对冷漠(Daskalopoulou & Zanette,2020)。这也说明,第三人效应的行为部分并不是恒定不变的,而是受到更多因素的影响。

第三人效应行为部分的基础在于人们认为这些内容可能导致负面的社会效果,如暴力行为、道德沦丧或种族偏见。实际上,这种担忧并不完全是基于事实,而是源于人们对媒体影响的预期。媒体机构基于社会的价值观、文化传统采取自我监管的措施,确保媒体内容不会对社会和公众造成伤害(Skjerdal,2008)。例如,部分国家的电视台对暴力或色情内容进行审查,以避免在媒介平台传播有害的信息或观念。除了媒体的自我监管,政府和监管机构也可能会干预,制定相关的法律和规定,限制或禁止某些内容的播放(Tai & Fu,2020)。这通常是基于公共利益的考虑,旨在保护公众免受有害内容的影响。在这种背景下,媒体机构需要权衡多种因素,包括社会责任、经济利益和法律风险。一方面,他们需要确保媒体内容不会引起社会的不满和行为反应,以防止可能的法律纠纷和经济损失;另一方面,他们也需要确保内容的多样性和创意自由,以满足观众的需求和兴趣。

早期的第三人效应行为研究中,主要聚焦于第三人感知对于支持限制某些有害媒介信息的影响。实际上,个人的第三人感知对于风险防御与个人行为管理也会带来巨大的隐患。以新冠疫情早期为例,尽管媒体铺天盖地地报道新冠病毒的相关知识、疫情的最新进展,人们可能认为其他人更容易受到病毒的威胁,而自己则相对安全,这类人群可能在日常行为中变得过于自信或麻痹大意(Yang & Tian,2021)。例如,他们可能不认为自己需要佩戴口罩、保持社交距离或避免大型聚会。第三人效应还可能导致部分人群忽视医疗专家和公共健康部门的建议,因为他们认为这些建议与他们自己的风险感知不符。

通过保护动机理论(Protection Motivation Theory,简称PMT)可以更好地解释第三人感知对于行为的负面影响。PMT旨在解释人们在面临威胁时如何做出决策的理论,该理论最初是为了解释人们对健康建议的反应而提出的,后来被扩展到了其他领域,如灾害准备、环境行为和网络安全等。PMT的首倡者罗杰斯提出,保护动机的达成是通过提升威胁评估(threat appraisal)和应对评估(coping appraisal)两个路径来实现(Maddux & Rogers,1983)。

威胁评估包括感知严重性和易感性,即个体对某种具体威胁带来的破坏性的认知,以及个体认为自己有多大的可能性面对这种后果;也包括不采取预防行为个体可能会得到的收益(Rogers,1983)。无视威胁带来的好处可以是物质的,也可以是心理的。例如,尽管人们了解身体锻炼对于健康有好处,但是睡懒觉、暴饮暴食带来的快感会抑制人们参与身体锻炼的动机。应对评估涵盖了应对效能、自我效能，即个体认为采取某种预防行为的有效性，个体对自己执行预防行为的信心评估，执行预防行为可能带来的物质、时间或心理成本（Floyd 等人，2000）。基于 PMT，个体在面临风险时，会先进行威胁评估和应对评估，然后决定是否采取某种预防行为。如果威胁的严重性和易感性都很高，并且风险行为收益较低，人们更有可能采取预防行为；如果应对效能和自我效能较高，应对反应的成本很低，个体也更可能采取预防行为。保护动机理论为公共卫生、环境保护和技术风险防御提供了一个框架，帮助我们理解和预测人们的行为，并设计更有效的干预措施（Plotnikoff & Trinh，2010；Shafiei & Maleksaeidi，2020；Meso，Ding & Xu，2013）。举例来说，为了鼓励人们戒烟，基于 PMT 的健康促进活动会强调吸烟的健康风险（增加威胁的严重性和易感性），提供有效的戒烟策略（增加应对效能），并给予戒烟者一些奖励或鼓励（Pechmann et al.，2003）。

在防疫信息的传播过程中，第三人效应会对个人行为带来显著的负面影响。如果个体认为自己不太可能受到疾病的威胁，而他人更容易受到影响时，他们可能会低估自身面临的风险。根据保护动机理论，当威胁的严重性或易感性被低估时，个体不太可能采取防护措施，直到他们真正感受到威胁为止。在突发疫情背景下，第三人认知带来的危害尤为明显，因为延迟采取预防策略会大大增加个人感染的风险。在新冠疫情暴发期，西方国家民众对于病毒威胁呈现较为乐观的态度，导致保持社交距离、佩戴口罩等防护行为被忽视，导致疫情迅速扩散。公共健康宣传活动需要考虑到第三人效应的影响，并尝试找到方法来打破这种偏见，以更有效地推广防护行为。

第三人认知产生的心理机制

自我强化、自我服务偏差、乐观偏见等心理倾向为第三人效应的出现提供了有力的解释，本章将对第三人效应产生的心理机制做深入剖析。

自我强化机制

自我强化机制为我们提供了一种视角来解读第三人效应。自我强化机制解释了为什么人们常常过高地评估自己的优势，并低估自己风险的关联。简言之,每个人都希望自己在各方面都超越他人,无论是智慧、才能还是幸福感(Pfeffer et al.,2006)。自我强化不仅是一种认知偏见,它还驱使我们更多地关注那些能够增强自尊的正面信息,避免那些可能让我们感知到自我贬低的信息。自我强化机制有助于维护自尊,也可能导致我们对自己的能力过于自信,从而忽视潜在风险。当我们坚信自己在某些方面比他人做得更好时,我们可能会低估媒体对自己的潜在影响,而过度估计其对他人的影响。

在心理学领域,自我强化机制解释了个体如何维护或提升自我评价。人们内心普遍有一种驱动力,采用各种方法来解释、预测和控制环境,从而更积极地看待自己。为了维护自己的正面形象,人们会选择性地关注那些与自我观念相一致的信息,忽视或否认与之相反的信息(Zhang et al.,2018)。面对困境时,人们会与那些不如自己的人进行比较,以此提高自我评价;与此同时,人们会寻找和关注那些与自己的观念和态度相符的信息,这种现象被称为自我验证。与此相关的一个重要概念是自我效能感,即个体对完成某项任务的信心。那些自我效能感强的人更容易采纳自我强化的策略。

自我强化是一种常见的心理现象,它使人们倾向于将成功归因于自己的努力和能力,而忽视或低估外部因素的影响。这种心态在日常生活中随处可见,以金融投资为例,一位投资者在股市中赚了一大笔钱,他可能会认为这完全是因为自己的分析能力和决策智慧,而忽视了市场的整体趋势、政策变化或其他投资者的行为等外部因素。当市场逆转时,这种过度自信可能导致他们做出错误的决策,从而造成巨大的损失。在体育比赛中,当一位运动员在比赛中取得了出色的成绩,他可能会认为这完全是因为自己的努力和天赋,而忽视了教练的指导、队友的支持,或对手的失误等外部因素(Hyun et al.,2022)。当他在下一场比赛中遭遇失败时,如果过于自信,他可能会错过反思和调整的机会。在学术界,一位研究者发表了一篇受到广泛关注的论文,他可能会认为这是因为自己的独到见解和努力,而忽视了合作者的贡献、前人的研究基础或审稿人的建议等外部因素。当下一篇论文被批评时,如果不认识到自己的局限,可能会错失进一步提高的机会。这种自我强化的心态,虽然可以增强个体的自尊和自信,也可能导致盲目自大、过度自信和决策失误。因此,正确地认识自己,既要看到自己的努力和成就,也要意识到外部因素的影响,是每个人都需要努力追求的目标。

广告的传播便是利用了人们的自我强化倾向。在烟草推广的早期,广告往往采用吸引人的视觉和听觉元素,如酷炫的画面、动感的音乐和有影响力的代言人来吸引消费者。公关大师爱德华·伯内斯在这些广告中,将吸烟的人描绘为成功、自信或受欢迎的,使得吸烟看起来更具吸引力。在大众媒介出现之前,烟草商通过香烟中附赠卡片的方式吸引年轻人的注意力,卡片内容丰富,既有西部牛仔、政治人物,也有体育、娱乐明星,随之而来的是烟草在世界各地迅速普及。烟草商甚至邀请医生背书,吸烟这样一种有害的生活方式得到了权威的肯定。在很长一段时间内,烟草公司在广告中描述吸烟为有吸引力、有趣、时尚,是一种崇尚自由的行为。好莱坞电影中吸烟的情节被认为增加了男性魅力;20 世纪 30 年代公关大师伯内斯将女性香烟塑造成了一种新的时尚,烟草商组织年轻女性一起吸烟、在街上游行,女性吸烟被塑造为女性解放的一部分。烟草广告的言外之意是:吸烟可以使你看起来更有魅力、更成功。这便是广告商利用受众自我提升机制的典型例子,人们为了强化自我的正面形象,追求和广告人物一样的生活方式成为他们的选择,使得香烟在世界各地大行其道。

随着时间的推移,公众对吸烟的负面健康后果越来越了解。许多人开始批评烟草广告,认为它们误导公众。对于成年人,尤其是那些已经意识到吸烟风险的人,他们可能会认为自己不会受到这些广告的影响,认为自己有足够的判断力和意志力来抵抗这些诱惑,这正是自我强化心态的体现。由于自我强化和第三人效应的共同作用,人们往往会低估广告对自己的影响,而过分关注对其他人的影响。这种心态可能会导致人们在面对广告时放松警惕,从而更容易受到广告的潜在影响。

自我服务偏差

在 20 世纪 70 年代,一项关于自我评价的研究揭示了一个有趣的现象:即便是那些自认为自己表现不佳的人,当被要求为自己打分时,他们的评分往往都是中上水平。社会心理学家进而发现,人们往往会以对自己有利的方式来进行自我评估,这种心理倾向被称为"自我服务偏差"。自我服务偏差是人们在处理信息时的一种常见心理现象,它涉及我们如何解释自己的成功和失败,以及如何看待自己与他人之间的差异(Deffains, Espinosa & Thöni, 2016)。

大多数人都认为自己比他人更出色,对自己的过度自信容易使人们忽视现实中的困难和挑战。当行为与认知或态度不一致时,人们会感到不安,从而对自身的认知进行调整,使其与行为一致。自我服务偏差可以被看作一种减少认知失调的方式,人们倾向于关注那些与自我认知一致的信息,而刻意忽视那些不一致的信息(Shepperd,Malone & Sweeny,2008)。当面对自尊受到威胁时,自我服务偏差可以作为一种防御机制。

在与他人的交往中,人们可能会将正面的互动归因于自己的魅力或人际交往能力,而将负面的互动归因于他人的问题(Park,Choi & Cho,2006)。人们会将自己的健康状况归因于良好的生活习惯,而将健康问题归因于遗传或环境因素。自我服务偏差导致人们不愿意承认自己的不足,从而错过了自我提升的机会。如果人们总是过于乐观地评估自己,他们可能会做出不切实际的决策。当人们不愿意为自己的过失行为承担责任并将其归咎于他人时,可能会导致与他人的关系紧张。

社会心理学中将这种差异化的评估称作——行为者—观察者差异。当我们是行为的执行者时,注意力通常集中在外部环境和情境因素上,因为这些因素直接影响我们的决策和行为。当我们观察他人的行为时,我们的注意力更多地集中在行为者本身上,尤其是他们的性格、动机和其他内部特质(Choi & Nisbett,1998)。行为者更倾向于将自己的行为归因于外部、情境性因素。例如,某人工作迟到,行为者可能会归因于交通堵塞,观察者更倾向于将他人的行为归因于内部、稳定的特质或性格,认为迟到的人缺乏责任感或者总是不守时。行为者对自己的情感、动机和思考过程有直接的内部感知,观察者只能根据行为者的外部行为和表现来推测其内部状态。

由于自我服务偏差的存在,人们可能会高估自己的能力和判断力,认为自己能够抵御媒体的负面影响,导致第三人效应的出现。当考虑到媒体的影响时,自我服务偏差可能导致人们将自己的行为归因于内部因素(例如,自我的批判思维能力),而将他人的行为归因于外部因素(例如,媒体的误导)。自我服务偏差也是一种自我保护机制,当面对负面的媒体影响时,人们采用这种心理机制来维护自我认知。

乐观偏见理论

乐观偏见是心理学中的一个重要概念,广泛存在于我们日常生活中。简单来说,它描述了一个人对自身面临的潜在风险的评估,通常这种预判比实际情况更为乐观(Weinstein & Lyon,1999)。人们通常相信,相对于其他人,自己更不可能经历负面的境遇。日常生活中有很多例子,比如大部分人相信,自己不会像其他人那样容易患病、受到伤害或遭遇交通意外。

人类天生具有保护和强化自尊心的需求,乐观地看待自己的未来是一种自我安慰的方式。我们倾向于认为自己对生活中的许多事情都具有足够的控制力,从而产生一种错觉,认为自己能够避开各种潜在风险。这也可以解释为什么人们经常将自己与那些遭遇不幸的他人进行比较,进而得出自己相对更幸运或安全的结论。实际上,乐观偏见并不完全是基于实际经验,人们更容易回忆起积极的、正面的经历,并选择性地忽略那些负面的记忆,导致过度乐观的预期,使我们在面对风险时失去警惕。乐观偏见有着诸多的影响。对风险的轻视可能导致人们采取冒险行为,如驾驶时不使用安全带、无节制地吸烟、暴晒而不涂防晒霜等。过度的乐观可能使人们忽视必要的健康检查、不购买必要的保险。在金融领域,过度乐观可能导致投资者对某些资产管理过于冒险而导致严重的损失。

乐观偏见和第三人效应之间的相似之处是,这两种理论都旨在比较自我和他人。一些学者认为,第三人认知是媒体研究背景下乐观偏见的一个特例(Glynn,Ostman & McDonald,1995)。第三人感知有两个方面与乐观偏见不同,第三人效应通常与对负面媒体信息的感知有关,而乐观偏见则同时涉及负面和正面话题;第三人效应通常需要一个特定的参考群体(例如,生活在其他州的居民),而乐观偏见只反映了自我感知(Li,2008)。

本章小结

本章简要回顾了第三人效应的起源,尤其是戴维森早期针对战争档案的研究。梳理了戴维森最早提出的第三人效应的初始概念,讨论了第三人效应的概念发展,第三人认知部分与行为部分的差异等,整合了部分的早期实证研究的结果。本章梳理了第三人效应的产生原因,探讨自我提升机制、自我服务偏差、乐观偏见等。

● **本章参考文献**

戴维·迈尔斯.社会心理学(第11版).侯玉波,乐国安,张智勇,等译.北京:人民邮电出版社,2016:631-636.

尼古拉·尼葛洛庞帝.数字化生存.胡泳,范海燕,译.北京:电子工业出版社,2017.

田录梅，张向葵. 自尊与自我服务偏好的关系述评. 心理科学进展，2007 (4)：631-636.

Adams，J.，Tyrrell，R.，Adamson，A. & White，M.（2012）. Effect of restrictions on television food advertising to children on exposure to advertisements for 'less healthy' foods：A repeat cross-sectional study. *The Lancet*，S7.

Banning，S. A.（2001）. Do you see what I see?：Third-person effects on public communication through self-esteem，social stigma，and product use. *Mass Communication & Society*，4(2)，127-147.

Chao，L.（2011）. Themes and propaganda strategies of the U. S. army's leaflets in the Korean War：A case study of the leaflets to CPVA（1950—1953）. *The Journal of International Communication*.

Choi，I. & Nisbett，R. E.（1998）. Situational salience and cultural differences in the correspondence bias and actor-observer bias. *Personality and Social Psychology Bulletin*，24(9)，949-960.

Daskalopoulou，A. & Zanette，M.（2020）. Women's consumption of pornography：Pleasure，contestation，and empowerment. *Sociology*，54，969-986.

Davison，W.（1983）. The third-person effect in communication. *Public Opinion Quarterly*，47，1-15.

Deffains，B.，Espinosa，R. & Thöni，C.（2016）. Political self-serving bias and redistribution. *Journal of Public Economics*，134，67-74.

Floyd，D. L.，Prentice-Dunn，S. & Rogers，R. W.（2000）. A meta-analysis of research on protection motivation theory. *Journal of Applied Social Psychology*，30(2)，407-429.

Freedman，P.，Franz，M. & Goldstein，K.（2004）. Campaign advertising and democratic citizenship. *American Journal of Political Science*，48：723-741.

Glynn，C. J. Ostman，R. E. & McDonald，D. G.（1995）. Opinions，perceptions and social reality. In T. Glasser & C. T. Salmon（Eds.），*Public opinion and the communication of consent*（pp. 249-280）. New York：Guilford.

Golan，G. J. & Day，A. G. (2008). The first-person effect and its behavioral consequences: A new trend in the twenty-five year history of third-person effect research. *Mass Communication and Society*，11(4)，539-556.

Gunther，A. C. & Thorson，E. (1992). Perceived persuasive effects of product commercials and public service announcements: Third-person effects in new domains. *Communication Research*，19(5):574-596.

Gunther，A. C. (1995). Overrating the X-rating: The third-person perception and support for censorship of pornography. *Journal of Communication*，45(1):27-38.

Ho，S. , Detenber，B. , Malik，S. & Neo，R. (2012). The roles of value predispositions，communication，and third person perception on public support for censorship of films with homosexual content. *Asian Journal of Communication*，22:78-97.

Hyun，M. , Jee，W. F. , Wegner，C. E. , Jordan，J. S. , Du，J. & Oh，T. (2022). Self-serving bias in performance goal achievement appraisals: Evidence from long-distance runners. *Frontiers in Psychology*，13.

Ivory，J. D. & Kalyanaraman，S. (2009). Video games make people violent—well，maybe not that game: effects of content and person abstraction on perceptions of violent video games' effects and support of censorship. *Communication Reports*，22(1):1-12.

Li，X. (2008). Third-person effect，optimistic bias，and sufficiency resource in Internet use. *Journal of Communication*，58(3):568-587.

Lockwood，P. (2002). Could it happen to you? Predicting the impact of downward comparisons on the self. *Journal of Personality and Social Psychology*，82(3):343.

Maddux，J. E. & Rogers，R. W. (1983). Protection motivation and self-efficacy: A revised theory of fear appeals and attitude change. *Journal of Experimental Social Psychology*，19(5):469-479.

McLeod，D. M. , Eveland Jr，W. P. & Nathanson，A. I. (1997). Support for censorship of violent and misogynic rap lyrics: An analysis of the third-person effect. *Communication Research*，24(2):153-174.

Meso, P., Ding, Y. & Xu, S. (2013). Applying protection motivation theory to information security training for college students. *Journal of Information Privacy and Security*, 9(1):47-67.

Park, J., Choi, I. & Cho, G. (2006). The actor-observer bias in beliefs of interpersonal insights. *Journal of Cross-Cultural Psychology*, 37(6):630-642.

Paul, B., Salwen, M. B. & Dupagne, M. (2000). The third-person effect: A meta-analysis of the perceptual hypothesis. *Mass Communication & Society*, 3(1):57-85.

Pechmann, C., Zhao, G., Goldberg, M. E. & Reibling, E. T. (2003). What to convey in antismoking advertisements for adolescents: The use of protection motivation theory to identify effective message themes. *Journal of Marketing*, 67(2):1-18.

Perloff, R. M. (1993). Third-person effect research 1983—1992: A review and synthesis. *International Journal of Public Opinion Research*, 5(2):167-184.

Perloff, R. M. & Shen, L. (2023). The third-person effect 40 years after Davison penned it: What we know and where we should traverse. *Mass Communication and Society*, 26(3):384-413.

Pfeffer, J., Fong, C. T., Cialdini, R. B. & Portnoy, R. R. (2006). Overcoming the self-promotion dilemma: Interpersonal attraction and extra help as a consequence of who sings one's praises. *Personality and Social Psychology Bulletin*, 32(10):1362-1374.

Plotnikoff, R. C. & Trinh, L. (2010). Protection motivation theory: Is this a worthwhile theory for physical activity promotion? *Exercise and Sport Sciences Reviews*, 38(2), 91-98.

Rogers, R. W. (1983). Cognitive and physiological processes in fear appeals and attitude change: A revised theory of protection motivation. *Social psychology: A source book*, 153-176.

Salwen, M. B. (1998). Perceptions of media influence and support for censorship: The third—person effect in the 1996 presidential election. *Communication Research*, 25(3):259-285.

Shafiei, A. & Maleksaeidi, H. (2020). Pro-environmental behavior of university students: Application of protection motivation theory. *Global Ecology and Conservation*, 22, e00908.

Shepperd, J., Malone, W. & Sweeny, K. (2008). Exploring causes of the self - serving bias. *Social and Personality Psychology Compass*, 2(2): 895-908.

Skjerdal, T. S. (2008). Self-censorship among news journalists in the Ethiopian state media. *African Communication Research*, 1(2):185-206.

Sun, Y., Shen, L. & Pan, Z. (2008). On the behavioral component of the third-person effect. *Communication Research*, 35(2):257-278.

Tai, Y. & Fu, K. W. (2020). Specificity, conflict, and focal point: A systematic investigation into social media censorship in China. *Journal of Communication*, 70(6):842-867.

Weinstein, N. D. & Lyon, J. E. (1999). Mindset, optimistic bias about personal risk and health - protective behaviour. *British Journal of Health Psychology*, 4(4):289-300.

Yang, J. & Tian, Y. (2021). "Others are more vulnerable to fake news than I Am": Third-person effect of COVID-19 fake news on social media users. *Computers in Human Behavior*, 125, 106950.

Zhang, X., Chen, X., Gao, Y. Liu, Y., & Liu, Y. (2018). Self-promotion hypothesis: the impact of self-esteem on self-other discrepancies in decision making under risk. *Personality and Individual Differences*, 127,26-30.

第三章

社会距离与他者群体

解析自我与他人的关系对于理解第三人效应非常重要。人类天生具有自我中心的倾向,容易高估自己的能力和判断。人们倾向于将自己与他人进行比较,以确立自己在社会中的地位,维护自尊。这种认知倾向导致了第三人效应的出现。

东西方哲学对于自我与他人关系的理解

中国哲学中的观点

中国古代哲学对于自我与他人的关系有许多不同的解释。儒家思想强调人际关系、社会秩序和道德准则的调和,个人与他人的关系是通过"仁",即对他人的关爱、尊重和关怀来实现的。儒家思想认为,个人通过修养自己的品德,使自己成为充满仁爱的人,在与他人的互动中维系和谐的关系。通过建立良性的家庭、社会和政治秩序,个人可以实现最大的价值。

论语中有一句名言"不患人之不己知,患不知人也"。"不患人之不己知"可以被解释为两个层面:首先,在人际关系中,相互认知的偏差是一种客观存在;其次,在自己与他人的互动中,我们是主动者,他人是被动者。只有我们理解他人,充分发挥自己的主动性,才能够采取各种措施来促进关系的和谐建构。孔子主张每个人都能成为包容、忍让的人,以此避免社会中的矛盾冲突。

然而在现实社会中，人们往往无法实现这样的目标，当个体的价值和努力得不到他人的认可时，便会产生怨愤。"患不知人也"是指在更大的社会背景下，一方面，我们需要了解他人的优点和长处，以更好地向他人学习，取长补短；另一方面，我们也需要了解他人对待我们的态度，以便进一步发展、建构关系。孔子认为只有我们主动了解他人，个人生活才能向有利于自己的方向发展，知人目的在于更好地知己。

《论语·颜渊》中的"己所不欲，勿施于人"被认为是儒家思想中的核心原则之一，强调了应该以同样的标准来要求自己和他人，传达了道德、同情和互惠的价值观，深刻地影响了中国社会的伦理观念。这句名言首先鼓励个体审视自己的欲望和行为，以此来评估自己对待他人的方式。个体需要对自己的行为进行内省，确保自己的行为与所倡导的道德标准一致。儒家思想强调对他人的尊重和同情，通过将自己置于他人的立场来思考，个体可以更好地理解他人的需求和情感，从而更好地对待他人。这与"仁"的概念有关，即关爱和同情他人。儒家思想也强调了互惠和社会和谐的重要性，如果每个人都能够遵循这个原则，就会减少冲突和不公平的情况，促进社会的和谐发展。儒家思想传达了一种普遍的道德价值观，强调了人类之间共通的情感和伦理原则的重要意义。

中国的道家思想强调自然、无为而治、返璞归真。在道家看来，个人的自我应该追求与自然的和谐，通过追求"道"来达到内心的平静与自由。与他人的关系不应过于强调，而是应该遵循自然的变化，避免过多的干预和控制。道家主张放下私欲，超越个人欲望，从而实现内在的自我解放。墨家思想注重公平和平等，强调"兼爱"和"非攻"，自我应该包容和关爱所有人，而不仅仅是亲近的人。墨家主张消除等级观念，促进社会的和谐。墨家的"非攻"思想则主张避免战争和暴力，以维护个人和社会的安宁。中国哲学强调个人与社会、自我与他人之间的关系是相互联系的，需要通过道德修养、内心平衡以及与他人的互动来实现和谐与发展。

西方哲学中的自我与他人

西方哲学也有诸多关于自我与他人的关系论述，不同哲学家和流派有着不同的看法。古希腊哲学家柏拉图在其著作《理想国》中提出了关于自我与他人关系的一些观点，柏拉图认为，个体的自我和社会之间存在紧密的联系。柏拉图构想了一个理想的城邦,个体和社会是相互关联的,每个人都有自己的职责和角色,通过在社会中履行这些职责,个体才能实现价值。柏拉图分析了个体内部的精神世界和外部的社会世界之间的关系。他将人的灵魂分为三个部分:理性(Reason)、意志(Spirit)和欲望(Appetite),这些部分的平衡对于个体的幸福至关重要。在社会中,不同的人可以根据自己的特质和能力扮演不同的角色,从而构建一个有序和谐的社会。柏拉图认为,在理想的城邦中,最高的统治者应该是哲人,哲人因其对真理的追求和智慧能够引导社会走向正确的方向。他们具有超越个人利益的视野,能够制定公正的政策,促进社会的稳定和发展。柏拉图也关注了友谊和爱在自我与他人关系中的作用,认为爱是对美的追求,可以从个体的爱扩展到对整个社会的爱。友谊和爱有助于个体之间的情感联系,同时也有助于社会的和谐。柏拉图的观点强调了个体和社会之间的相互关系,以及个体内部的精神和情感的平衡,他的思想对于探讨社会秩序、道德伦理和人际关系等具有深远影响。

古希腊哲学家亚里士多德探讨了自我与他人的关系。亚里士多德认为人是社会性动物,个体的自我和社会之间存在着天然的联系,个体是社会的一部分,不能脱离社会而存在,个体的自我实现和幸福需要通过社会互动来实现。亚里士多德认为,政治社会是为了实现个体的幸福和美德而存在的,个体在社会中不仅仅是为了满足生存需求,还是为了共同追求最高的善和目标,他强调了个体和社会之间的依赖和互利。亚里士多德将友谊看作个体之间最重要的社会关系之一,并将友谊分为三种类型:因快乐、因利益、因德行产生的友谊。真正的友谊是因为彼此的德行和善良而建立起来的,友谊是持久和有益的,有助于形成共同体,促进社会的发展。亚里士多德关注了公平和正义在自我与他人关系中的作用,认为个体应该遵循公平和正义的原则,以维护社会的公共利益,个体通过对他人的善待和公正行为来实现自身的品德和幸福。

尼采和康德是两位具有重要影响力的西方哲学家,他们对自我与他人关系的看法有所不同。尼采的哲学强调个体的自我实现和超越,对自我与他人关系持有一种较为个人主义的立场。尼采批判了传统的道德观念,认为社会关系压抑了个体的生命力和创造力,个体应该从内心深处追求自己的欲望和激情,而不是被外部的规则和他人的期望所束缚。尼采的观点中,个体与他人的关系是复杂的,尽管尼采强调个体的自我实现,但他的观点也可能导致个体主义和孤立主义,从而可能影响到与他人的和谐关系。康德的哲学强调个人道德和义务,更加强调道德的约束和社会秩序。康德提出了"普遍意志"的概念，认为个体的行为应该符合普遍适用的道德准则，而不是根据自身欲望。康德的观点中，个体与他人的关系建立在道德和义务的基础上，他强调每个人都有责任遵循道德律，并将他人的利益视为同样重要。他的观点有助于建立社会中的公正、和谐关系，但也可能在追求道德准则时忽略个体的个人愿望和自我实现。

萨特是 20 世纪最有影响力的哲学家之一，是存在主义思潮的代表人物。他的名言"他人即地狱"出自他的剧作《闭锁》，在剧中，三个人被困在一个房间，那个房间对他们来说就是地狱。他们互相折磨，因为他们的存在永远地定义了其他人。每个人都成为其他人眼中的"他人"，他们的互动揭示了人们如何通过他人来看待自己，以及他人的目光如何塑造我们的自我认知。"他人即地狱"这句话并不仅仅是他人带给我们的痛苦，更深层次的，它描述了一个基本的人类困境：我们总是受困于他人的视角，总是想知道他人怎么看待我们，而这种知觉常常让我们感到不自在、被束缚。存在主义哲学中，个体存在的意识和自我认知在很大程度上是通过与他人的互动来塑造的。因此，他人的存在和他们对我们的看法在塑造我们的身份和自我认知中起着至关重要的作用，他人带给我们的焦虑和不自在，使得人际关系变得复杂、困难，甚至痛苦。萨特提倡我们应该突破他人的评判，追求真正的自由。在萨特的后期思想中，他也曾提到自我与他人都是自由平等的，人与人之间的关系不仅仅只有冲突，也存在合作。

自我与他人的关系在中国和西方哲学中都是核心议题，但二者对此有着不同的表达。中国哲学中的自我与他人关系，在儒家思想中，个体是家族和社会的一部分，身份和责任是通过与家族、社会和国家的关系来定义的。东方哲学思想强调人与自然和他人的和谐关系，人的价值通过适应自然的方式去实现，自我与他人之间的关系是互相依赖和互助的。自古希腊时代起，西方哲学就强调个体的自由和权利，这种自我中心的思想普遍存在于现代民主和个人主义等概念中。存在主义、现象学等近现代哲学流派强调自我实现和自由意志的重要性，包括与他人的关系，尤为强调他人审视对自我认知的影响。从亚里士多德到康德，西方伦理学都强调了对他人的道德责任。中国哲学强调的是和谐与集体，而西方哲学更注重个体与自我实现。但不论在哪种哲学体系中，自我与他人都是不可分割的，二者的关系对我们的行为和价值观念有着重要影响。

社会距离

在第三人效应的研究中,社会距离是一个十分重要的概念。众多研究均证实随着社会距离的增加,第三人效应呈现显著增强的趋势。在研究媒介效果的过程中,学者们试图将自我作为主体与其他人区别开来,分别讨论感知到的媒介影响。在戴维森最早的论著中,他对于他人的界定是笼统而模糊的。例如在他所提到的二战中日军针对美国的军事宣传中,美军的指挥官将部队中的非裔军人视为其他人,而将负责军事指挥的同袍视为"自己人"(Davison,1983)。需要指出的是,这样的划分似乎并不准确,因为在非裔军人内部也存在着巨大的差异。他人群体并非恒定的概念,需要依据比较的出发点来进行详细的界定。

社会距离对第三人效应的影响是显著的,人们通常认为媒介信息对与自己社会距离较远的人影响较大,而对自己比较熟悉的人影响相对较小。第三人效应在各种媒介信息中都有体现,例如新闻报道、社交媒体信息、广告等(Price, Huang & Tewksbury, 1997;Chung & Wihbey, 2022;Eisend,2017)。社会距离的远近主要取决于比较对象之间的社会关系、文化背景、兴趣爱好等因素,当个体感觉与他人的社会距离较远时,他们可能会认为媒介信息对他人影响更大。反之,当个体感觉与他人的社会距离较近时,会认为媒介信息对自己和他人的影响差异较小,这是因为比较对象与自己具有相似的能力和背景。社会距离对第三人效应的影响在一定程度上取决于个体对信息内容和传播方式的认知和评价。例如,对于一些负面媒介议题,人们可能会更加关注和同情那些与自己社会距离较远的人;而对于正面的媒介信息,人们可能会更加关心那些与自己社会距离较近的人。本章我们首先谈一下社会距离概念的起源与发展。

齐美尔的贡献

社会距离是一个多维度的概念,它用于描述个体或群体之间的相对接近度或分离度,社会距离概念在社会学、心理学和传播学领域中均有应用。社会距离通常用来理解人们如何看待和与他人互动,特别是那些与自己有所不同的人。社会距离可以被视为心理和情感距离的感知,它可以基于种族、文化、宗教、经济状况或其他社会因素。现代社会距离概念的提出主要归功于德国社会学家乔治·齐美尔(Georg Simmel),齐美尔是 19 世纪末和 20 世纪初的重要学者,他对社会学理论、微观社会关系以及现代性的特征进行了深入的研究。齐美尔认为社会互动不仅仅重于内容,更重要的是它们所呈现的形式,他试图从更抽象的角度来理解社会互动,其中就包括了社会距离的观念(Rogers,1999)。齐美尔强调了社会距离既有空间性(物理上的距离)也有非空间性(即心理或情感上的距离),齐美尔认为非空间的社会距离更为重要(Allen,2002)。齐美尔指出,社会距离不仅是一种简单的隔阂,而是构成社交关系的核心要素,人们常常根据与他人的社会距离来调整自己的社交策略。社会距离是相对的,它取决于特定的社会背景和文化环境,依据情境、时间和文化而变化(Furedi,2020)。齐美尔深入探讨了个体与社会的张力关系,强调了社会距离在维持个体自主性和与社会整体的平衡关系中的作用。齐美尔的思想与后来的社会学研究,特别是涉及社交网络、社会心理学和微观社会互动的研究,对人际互动的研究有着深远的影响。

帕克的贡献

罗伯特·帕克(Robert Park)是社会学的先驱之一,在社会距离的研究领域中,他为理解不同群体间的关系做出了重要的贡献。芝加哥学派强调了城市化对社会结构和个人关系的影响,帕克作为其关键成员,通过参与齐美尔关于社会距离的讲座,深化了他对这一概念的理解(Park,1924)。他不仅仅将社会距离看作一个抽象概念,更重要的是,他尝试探索其在日常生活中的实际影响。帕克特别关注不同种族和文化群体之间的社会距离,认为这种距离不仅仅是基于种族和文化的差异,还与物理空间的距离有关,例如他们所住的区域(Smith,1988)。

帕克观察到,当两个群体之间的社会距离较大时,感知到的巨大差异造成了群体间的不信任,他们之间的交流和沟通往往会减少(Lu,2008)。帕克的研究还涉及移民如何在新社会中融入和同化,他发现随着移民与主流文化的交互增加,他们之间的社会距离会逐渐缩小。这一过程是文化的交融,更是一种社会整合的过程(Park,2000)。帕克及其同事还观察到,在城市环境中,尽管不同群体间物理上的距离较小,但由于文化和社会经济的隔阂,社会距离可能增大。因为在城市中,人们更容易与和自己有共同背景或兴趣的人互动,而避免与那些背景不同的群体交往(Boyd,2022)。罗伯特·帕克对于社会距离的研究不仅仅局限于理论的思辨,他还通过实证方法研究了这一概念如何影响真实世界中的人际互动。帕克的研究对后续的社会学研究,尤其是关于城市、种族和文化交互的研究,具有重要的启发意义。

博加杜斯量表

埃默里·博加杜斯(Emory Bogardus)对于社会距离研究的贡献是极为深远的,通过他的研究,我们得以更深入地探讨种族、宗教、国籍等因素如何塑造和影响社会的偏见和接纳程度(Bogardus,1947)。当我们谈及博加杜斯的贡献时,首先要提及的便是他在1925年创立的"社会距离量表",这一量表被广大学者誉为社会学和心理学领域测量社会距离、接纳程度和社会偏见的开创性工具(Wark & Galliher,2007)。博加杜斯成功地将抽象的、难以捉摸的社会态度和偏见转化为可量化的数据。博加杜斯的量表以其细致且具有逻辑性著称,它涵盖了一系列的陈述,旨在测试人们对与某特定群体成员之间可能存在的各种关系的接纳程度。这一系列关系涵盖了亲属关系、同事关系、街区邻居、国内的其他人、生活在其他国家的人等(Bogardus,1933)。博加杜斯详细研究了种族、宗教、国籍等多种因素如何共同影响人们对不同群体的态度,解析了社会心理距离的影响因素,以及在跨群体互动中社会偏见产生的原因(Roesch,2015)。

博加杜斯的社会距离量表被广泛地应用于诸多研究中,包括社会学、心理学领域,其有效性得到了众多研究的证实。在博加杜斯之前,社会距离主要是被看作一个抽象的概念,通过他的量表,这一概念被具体化,从而使研究者能够更系统地研究和解读社会距离。这种转变不仅简化了研究过程,而且提高了研究的准确性。通过反复使用和更新他的社会距离量表,学者揭示了随着时间的推移,不同群体间接纳程度的微妙变化,这些变化反映了社会的演变、文化碰撞和融合,以及人们的态度如何随时间而变化(Wark & Galliher,2007)。博加杜斯对社会距离和偏见的深入研究提高了公众的社会意识,促使公众对种族偏见问题的理解和反思,也影响到了一些与移民、种族关系和社区发展相关的政策制定。博加杜斯的社会距离量表也被广泛地应用于教育领域,尤其是在多元文化教育和社会学课程中(Feldman & Soydan,2013)。

社会比较视角

在第三人效应的研究中，总是伴随着自我与他人的比较，社会比较理论是一种非常重要的理论框架。社会比较理论是关于人们如何评价自己的观点和信念的理论，最初由费斯汀格（Leon Festinger）在 1954 年提出。该理论认为人们通过与他人进行比较来评估自己的能力和观点，人们通常会选择与自己有相似经历和背景的人进行比较，因为这样更容易找到共同点。费斯汀格认为，人们不仅关注比较的结果，还会关注比较的过程，例如他们会思考自己与他人观点的异同，以及这种认知差异对个人评价的影响（Goethals，1986）。随着时间的推移，学者们对社会比较理论进行了发展和完善，社会比较的对象不仅限于与自己有相似经历和背景的人，还会包括与自己有显著差异的其他人（Tajfel et al.，1979）。社会比较可以满足人们对自己观点的认知需求，也可以使人们更好地理解他人的观点。学者们对社会比较动机的研究表明，社会比较的目的是获得信息和提高自尊。

社会比较作为人类内在的一种心理机制，伴随着我们每一个人从孩提时代到成年。在无数次的日常互动中，无论是有意或无意地，我们都在与周围的人进行比较。向上比较和向下比较是社会比较的两种主要方式，在社会互动中不仅影响着我们的情绪和自尊，还在某种程度上决定了我们的行为取向和生活目标（Van deVen，2017）。

向上比较是我们与那些在某些方面做得比我们更好的人所进行的比较，主要动机源于我们对自己的更高追求和期望。例如，当一名学生看到班上的尖子生取得了优异的成绩时，他可能会被激励去更加努力学习。这种比较能够刺激人们的野心，帮助他们设定更高的目标。这种比较的副作用也不容忽视，当个体反复发现自己与更高标准的差距，可能会陷入自我怀疑，感受到深深的无力感（Smith，2000）。持续地向上比较，尤其是当比较的结果不断显示个体的不足时，可能会导致情绪的消沉和自尊的下降（Park & Baek，2018）。向下比较是我们与那些在某些方面不如我们的人进行的比较。例如，当中等收入的家庭与那些生活在贫困线以下的家庭比较时，他们可能会产生优越感，觉得自己生活状态很好。向下比较往往带给人们一种心理安慰，减轻压力和缓解焦虑情绪。但是，过于依赖向下比较带来的满足感可能会导致懒惰和自满的心态，使个体失去进取的动力（Nicuta & Constantin，2021）。经常性的向下比较倾向，可能会导致个体陷入一种自满的心态，认为自己已经足够好，失去进一步提高的动力。

现实生活中，人们可能同时进行向上和向下的比较，两者并行不悖。例如，一个企业中层员工可能会羡慕那些高级经理的地位和待遇（向上比较），但同时也为自己已经不再是底层员工而感到庆幸（向下比较）。这两种比较方式共同构成了我们的自我评价体系，影响着我们的情绪、行为和人际关系。社会比较不仅是一个自然的心理过程，也是一柄双刃剑：它可以帮助我们建立自尊，也可以导致我们陷入自我怀疑。

自我差异理论

除社会比较理论外，其他解释第三人效应成因的理论中，最具代表性的是自我差异理论（Self-Discrepancy Theory）。心理学家爱德华·希金斯（Edward Higgins）在1987年最早提出了该理论，侧重于个体如何通过与他人的比较来评估自己。依据此理论，我们都持有三个并行存在但又可能存在差异的自我表征：实际自我、理想自我和应该自我（Higgins et al.，1994）。实际自我是个体关于自己目前状态的认知，包括其认知、情感和行为的特点；理想自我是个体关于其希望达到目标的认知，通常涉及个体的希望、愿望和目标；应该自我则涉及了社会道德义务，它反映了我们认为自己应该去践行的行为模式，或者社会期望的行为模式。这三种自我表征之间的不匹配，尤其是实际自我与理想或应该自我之间的差异，被认为是导致情感困扰的主要原因（Higgins，1989）。例如，当一位学生成绩不如预期时，无法满足自身的目标（理想自我）和家庭望子成龙的期望（应该自我），可能会产生沮丧的情绪，进而影响学习的状态。由此可见，三个自我之间的差异与个体的情绪密切相关。自我差异理论提供了一个框架，帮助我们理解为什么当我们未达预期时，会感到不满、焦虑或沮丧的情绪。不同自我之间的差异也可以被视为一个动态的过程，随着时间的推移和环境的变化，个体的实际自我、理想自我和应该自我也可能发生变化。个体需要不断地进行自我评估和社会比较，以确保自己的情绪平衡和心理健康。

镜像自我

社会心理学家查尔斯·库利（Charles Cooley）率先提出了镜像自我的概

念，指个体把别人当做镜子来进行自我评估。社会学家乔治·米德精炼了这个观点，指出与我们的自我概念有关的，并不是别人实际上如何评价我们，而是我们认为他人如何评价自己（Sinigaglia & Rizzolatti，2011）。我们的自我意识和自我认知在很大程度上是通过与他人互动来形成的。我们观察他人对我们的反应，更好地认知自己，这种反馈有助于我们调整自我呈现策略。

这种"镜像"的概念可以追溯到婴儿的发展。有一项称为"镜像测试"的实验，用于检验动物（包括人类婴儿）的自我认知能力。为衡量动物的视觉自我认知能力，动物心理学家戈登·盖洛普于1970年设计了"镜子测试"：研究人员将动物麻醉后，在动物平时看不到的部位（如额头）用红颜料点个标记，待动物醒来在它面前放一面镜子。如果动物照镜子后做出触摸/检查这个红点的举动，就视为通过测试，表明产生了自我认知（Shillito et al.，1999）。对于人类婴儿来说，大约在18个月大时，他们开始认识到镜子中的形象是他们自己，这是自我认知的一个重要里程碑。

在更广泛的社交背景下，我们通过他人的反馈观察自己，以此来调整自己的行为和自我认知。例如，如果我们在公共场合摔倒，我们可能会立即检查周围的人是否注意到，他们的反应（同情、嘲笑、忽视等）可能会影响我们的感受。我们常常基于他人来评估自己的能力和价值（Yeung & Martin，2003），当我们看到别人成功时，可能会为自己设定更高的标准，而当我们看到别人失败时，可能会对自己有所宽慰。不同的文化和社会对"镜像自我"的重视程度也有所不同，在个体主义文化中，人们可能更重视自己的内在价值和信仰；而在集体主义文化中，人们可能更重视他人的观点和期望（Lalwani et al.，2009）。

社会距离的远近可以影响社会比较的过程和结果。经典的第三人效果研究呈现出自我的优越性，认为负面媒介信息对他人的态度和行为影响更大。说明在评估大众媒介信息时，人们普遍意义上理解的他人是和自己关系较为疏远的陌生人，因而更多采用向下比较。而当比较群体调整为熟人时，自我与他人的差异则显著降低。Shen等的研究基于网络调查的结果，发现第三人认知是一种典型的基于自我与他人的相似性、差异性的分析，这种社会比较是产生第三人效应的重要原因（Shen et al.，2015）。

刻板印象

刻板印象是第三人效应出现的另一个推手。刻板印象是人们对某个事物或群体的一种简化和固定的认知,往往将这种认知泛化到整个群体,而忽略了其中的个体特点和差异(Spencer et al.,2016)。这些观念通常基于某些特征、行为或属性,基于外表、服饰、种族、性别、年龄、国籍、宗教、职业等多种因素(Dovidio et al.,2010)。比如,当我们在电影当中看到一位身材高大、有纹身、戴着墨镜的人物出场时,我们可能会假定这个角色是黑帮的成员。在生活当中,对于某些职业、某一地域的偏见,也是刻板印象的典型体现。有些人可能会根据这些固定的看法来对事物进行分类,并据此来解释各种情境,这进一步加强了他们的偏见观念。外显的刻板印象是人们明确意识到并用来评价他人的观念,尽管人们可能试图有意识地控制这些观念,但他们往往会低估或高估这些观念对自己判断的影响(Nario-Redmond,2019)。而内隐的刻板印象则是潜藏在人们潜意识中的、不易察觉的观念。

当下媒介的内容琳琅满目,从新闻报道到广告,从影视作品到社交网络,信息传播渠道的增加,使得人们接触到的信息量呈现爆炸性增长。然而,海量的信息并不意味着高质量,越来越多的信息需要人们去甄别、分析和评估(Lee et al.,2016)。这对于普通人来说是一个巨大的挑战,因为在信息过载的状态下,人们很容易感到疲惫和不知所措。为了简化处理流程,人们往往会选择捷径,使用已有的刻板印象来评估信息,这样做既简单又能迅速得出结论(Hamilton & Sherman,2014)。这种倾向也与人们的教育背景、生活经历和信息处理能力密切相关,那些具有高度批判性思维能力的人,可能更容易识别和抵御刻板印象的影响(Aina & Cameron,2011)。但是对大部分人来说,他们很容易受到刻板印象的误导。

媒体在塑造和强化社会刻板印象方面扮演了关键角色。例如,一些媒体报道会有意或无意过分突显某一群体的负面特点,加深了社会对此群体的误解和刻板印象(Scharrer & Ramasubramanian,2015)。在政治选举中,选民可能会基于对候选人的性别、种族等方面的刻板印象来评估他们的资格,这样的评估方式是非常片面和误导性的(Banwart,2010)。在社会冲突和歧视事件中,刻板印象也起到了推波助澜的作用。当人们面对与自己不同的群体时,他们可能会基于刻板印象对这些群体进行负面评价,进一步加深社会分裂,导致更多的冲突和歧视(Cuhadar & Dayton,2011)。刻板印象使得人们在理解媒介的影响时,夸大负面信息的影响,导致了第三人认知的强化。

社会距离与第三人效应

在第三人效应的研究中,自我与他人的感知差异受到他人群体背景的影响。当我们评估具有相似背景群体的成员时,我们更容易理解和信任他人。这种亲近感来源于人们与群体成员之间的相似性、交往的频繁性以及共同的身份认同,使得我们对群体成员持有更积极和乐观的态度(Eveland et al.,1999)。然而,对于那些背景、文化、信仰与我们存在明显差异的其他群体成员,情况则完全不同。由于与其的交往较少,缺乏深入的了解,我们更容易受到先入为主的观念和刻板印象的影响,导致我们对其他群体成员的认知偏见和歧视(Dovidio et al.,2010)。例如,在工作场所,对于我们熟知的同事,通过与其日常互动和合作,我们更能够理解他们的性格、专长和工作习惯,因此在评价时更加客观和公正。而对于一个新加入的同事,由于了解有限,我们的评估可能更多地基于对其所属群体的刻板印象,这种评价往往是片面和不准确的。媒体在形成和强化刻板印象中起到了关键作用。尽管媒体应该提供客观和无偏见的信息,但在现实中,它们往往会选择性地报道某些群体负面的信息(Protess & McCombs,2016)。比如,如果某一种族或宗教群体经常在媒体上与负面新闻联系在一起,那么大众就会对这些群体产生固定的、负面的看法,即使这些报道只反映了该群体中极少数人的行为(Dukes & Gaither,2017)。

在涉及不同群体的人时,人们可能会产生自我服务偏见。这意味着我们会低估其他群体成员的能力并进行向下比较,认为他们的能力不如我们自己或者与我们相比存在缺陷。例如,如果我们属于某个特定的职业或社会群体,我们可能会对外群体成员产生偏见和刻板印象(Fiske,2017)。我们认为其他社会群体可能缺乏我们拥有的某些能力,导致认知偏差的出现。在现实生活中,媒体经常报道某些群体的负面信息,比如犯罪、问题行为等,这些报道可能会使人们产生认知偏见(Boushey,2016)。如果媒体经常报道某个种族的人犯罪率较高,我们可能会认为这个种族的人都有犯罪倾向(Drakulich,2012)。

在较高社会经济地位的人群当中,第三人效应显得更加普遍。例如,在对大学生的研究中,受访者认为其他大学生的认知与行为与自己相似,并且可以预测;相反,外群体成员则被认为缺乏抵制色情制品负面影响的能力(Chen et al.,2015;Gunther,1991)。另一项研究发现,受教育程度较高的人认为媒体对受教育程度较低的人影响较大;年长的成年人认为媒体对年轻人的影响较大(Paul et al.,2000)。高学历、高收入、具有更多社会经验的群体在评估媒介对他人的影响时,往往会带有更多偏见。高学历、高收入群体可能拥有更多的知识,能够更深入地分析和理解媒介信息,这种优势也可能导致他们更加自信和固执己见,不容易接受其他人的建议和观点,从而表现出更多的偏见(Peiser & Peter,2000)。此外,优势群体承担着更多的社会期望和责任,在评估媒介对他人的影响时,他们可能会认为自己应当表现出一定的优越性,这也导致更多的偏见出现。例如,优势群体可能更加强调自己的权威性和专业性,而忽视其他人的观点和需求。

关于社会距离的现有研究的一个重要限制是,对于他人群体的界定不够清晰。大多数研究通过预先定义他人群体的背景,来区分自我和他人之间的社会距离,但是这种界定可能会存在一定争议。例如,研究人员假设大学受访者认为同一学校的其他学生比生活在另一个州的居民在心理上更接近,但事实上,来自另一个州的大学生可能认为他们家乡的居民更亲近。对于社会距离的测量为第三人效应的研究带来严峻的挑战(Cohen et al.,1988)。

社会距离的测量方式

现有研究整合了社会距离的四个主要维度(Bligh & Riggio,2012;Karakayali,2009)。

第一,情绪性社交距离。社交距离的一个核心内容是情感,即个体与其他群体的情感有关。如具有血缘关系的家人,具有紧密关系的朋友,工作中的同事等,都是和自身有诸多情感交互的个体;与之相反,与个人没有情感连接的他人,被视为无关的其他人(Karakayali,2009)。博加杜斯在最初的量表设计中,即强调了自我与他人的这种情感反应,以此来判定情感距离的远近。

第二,规范性社交距离。齐美尔和帕克对于社会距离的解析多是基于此视角。规范性社交距离指的是在特定的社会或文化背景下,社会接受的规范或标准,定义了不同群体之间的界限,确定谁属于哪个群体,以及不同群体的成员如何相互交往(Albrecht et al.,1982)。规范性社交距离在"我们"和"他们"之间建立了明确的界限,这些界限基于不同的因素,例如种族、民族、宗教、国籍、社会经济地位等。决定社交距离的规范通常受到文化、历史和社会因素的影响，例如，历史传统或长期的文化信仰可以塑造一个群体如何看待另一个群体（Weinfurt & Moghaddam，2001）。在某些情况下，规范性社交距离会变得制度化，历史上的基于种族或性别歧视性政策是典型的案例（Hagendoom & Hraba，1987；Puhl et al.，2008）。虽然规范性社交距离可能根深蒂固，但它们并不是静态的，随着社会的变化，决定社交距离的规范也可能发生变化。例如，增加的跨文化交流和全球化沟通，可能导致不同文化之间的规范性社交距离降低。

第三，互动社交距离涉及不同群体成员之间的互动频率和强度。它基于这样一个观点：两个群体的成员之间互动越多，他们的社交距离就越近（Albrecht et al.，1982）。互动可以减少误解，并弥合群体之间的认知鸿沟。互动社交距离可以通过不同群体成员之间的互动频率、质量和深度来体现，学校、工作场所或社区等环境可以在促进互动中发挥作用，鼓励互动的多元化环境可以减少社交距离（Forrest et al.，2016）。语言差异、文化误解或甚至制度化的隔离，这些都可能增加互动社交距离。

第四，文化距离指的是基于人们的文化背景和日常习惯，群体或个人之间的行为和认知差异。文化距离可以通过各种方式表现出来，从价值观、信仰和习俗的差异，到日常生活、实践和行为的习惯（Weiermair & Fuchs，2000）。不同的文化通常有不同的沟通风格，无论是在语言还是非语言沟通方面，当这些风格发生冲突时，可能会产生误解。历史传统和集体记忆可以塑造文化，背景的差异可能导致不同的世界观和认知。随着时间的推移，个体可能会适应或被同化到新的文化，从而减少文化距离；也可能在沟通中无法适应，导致文化身份的认同危机。

基于博加杜斯量表，后继学者在不同语境下对于社会距离的测量进行了改良与发展。Andsager 和 White 在著作中总结了社会距离与第三人效应的研究，揭示了九种主要的社会距离的测量方式，他人群体被操作化定义为如下类型。（1）个人关系——朋友、家人：在这类研究中，研究对象会根据他们与个人的亲密程度来评估信息对他人的影响。例如，他们可能会被要求评估一条信息对他们的朋友或家人的影响。（2）同伴关系——班级、学校中的其他人：这种关系关注的是研究对象与他们的同学或同龄人之间的社会距离，研究涉及评估信息对学校中的其他人的影响。（3）团体关系——团体中的他人和团体外的他人：这种关系关注的是研究对象与不同团体之间的关系，研究涉及评估信息对某个特定团体中的其他成员的影响。（4）地理位置相近性——所在城市、州：关注的是研究对象与他人的地理距离，研究可能涉及评估信息对生活在同一城市或州的其他人的影响。(5)年龄相近性：这种关系关注的是研究对象与不同年龄段的他人的社会距离，研究涉及评估信息对年龄比自己大或小的人的影响。(6)教育背景——小学、高中、大学等等：关注的是研究对象与具有不同教育背景的人之间的社会距离，研究评估信息对具有不同学历的其他人的影响。(7)种族相近性：关注的是研究对象与不同种族背景的人之间的社会距离，研究评估信息对具有不同种族背景的其他人的影响。(8)性别差异：关注的是研究对象与不同性别的人之间的社会距离，涉及评估信息对不同性别的人的影响。(9)职业相近性：考察不同职业的人所具有的认知偏见。

以上这些操作方式让我们意识到"他人"是一个多元化的概念，包含了各种不同的社会群体。因此，在社会实践中，我们需要更加关注这些不同的社会群体，理解他们的差异和特点，以便更好地应对和解决与第三人效应相关的问题和挑战。通过比较和分析不同操作方式的结果，我们可以更深入地了解社会距离对人们认知和行为的影响。

本章小结

本章深入讨论了社会距离这个概念，作为第三人效应产生的重要原因，理解并准确定义其他人具有重要的意义。本章总结了齐美尔、帕克、博加杜斯对于社会距离概念提出与发展的贡献。基于社会比较、自我差异、镜像自我、刻板印象等理论，探讨了第三人效应现象的成因。基于现有研究，本章整合了第三人效应的测量策略，以及其他人群体的可行分类。

● 本章参考文献

Aina，O. E. & Cameron，P. A. (2011). Why does gender matter? Counteracting stereotypes with young children. *Dimensions of Early Childhood*，39(3)，11-19.

Albrecht，G. L.，Walker，V. G. & Levy，J. A. (1982). Social distance from the stigmatized：A test of two theories. *Social Science & Medicine*，16 (14)，1319-1327.

Allen，J. (2002). On Georg Simmel：Proximity，distance and movement. In *Thinking space*(pp. 54-70). Routledge.

Andsager, J. L. & White, H. A. (2009). *Self versus others: Media, messages, and the third-person effect*. Routledge.

Banwart, M. C. (2010). Gender and candidate communication: Effects of stereotypes in the 2008 election. *American Behavioral Scientist*, 54(3), 265-283.

Bligh, M. C. & Riggio, R. E. (Eds.). (2012). *Exploring distance in leader - follower relationships: When near is far and far is near*. Routledge.

Bogardus, E. S. (1933). A social distance scale. *Sociology & Social Research*.

Bogardus, E. S. (1947). Measurement of personal-group relations. *Sociometry*, 10(4):306-311.

Boushey, G. (2016). Targeted for diffusion? How the use and acceptance of stereotypes shape the diffusion of criminal justice policy innovations in the American states. *American Political Science Review*, 110 (1):198-214.

Boyd, R. L. (2022). The residential segregation of European immigrant groups in the early twentieth-century United States: The role of natives' social distance attitudes. *Journal of International Migration and Integration*, 23(3):1199-1216.

Chung, M. & Wihbey, J. (2022). Social media regulation, third-person effect, and public views: A comparative study of the United States, the United Kingdom, South Korea, and Mexico. *New Media & Society*, 14614448221122996.

Cohen, J., Mutz, D., Price, V. & Gunther, A. (1988). Perceived impact of defamation: An experiment on third-person effects. *Public Opinion Quarterly*, 52(2):161-173.

Cuhadar, E. & Dayton, B. (2011). The social psychology of identity and inter-group conflict: From theory to practice. *International Studies Perspectives*, 12(3):273-293.

Davison, W. (1983). The third-person effect in communication. *Public Opinion Quarterly*, 47:1-15.

Dovidio, J. F., Hewstone, M., Glick, P. & Esses, V. M. (2010).

Prejudice, stereotyping and discrimination: Theoretical and empirical overview. *Prejudice, Stereotyping and Discrimination*, 12, 3-28.

Drakulich, K. M. (2012). Strangers, neighbors, and race: A contact model of stereotypes and racial anxieties about crime. *Race and Justice*, 2 (4): 322-355.

Dukes, K. N. & Gaither, S. E. (2017). Black racial stereotypes and victim blaming: Implications for media coverage and criminal proceedings in cases of police violence against racial and ethnic minorities. *Journal of Social Issues*, 73(4), 789-807.

Eisend, M. (2017). The third-person effect in advertising: A meta-analysis. *Journal of Advertising*, 46(3), 377-394.

Eveland, W. P., Nathanson, A. I., Detenber, B. H. & Mcleod, D. M. (1999). Rethinking the social distance corollary: Perceived likelihood of expsoure and the third-person perception. *Communication Research*, 26(3): 275-302.

Feldman, F. & Soydan, H. (2013). Bogardus, Emory. In *Encyclopedia of Social Work*.

Fiske, S. T. (2017). Prejudices in cultural contexts: Shared stereotypes (gender, age) versus variable stereotypes (race, ethnicity, religion). *Perspectives on Psychological Science*, 12(5): 791-799.

Forrest, J., Lean, G. & Dunn, K. (2016). Challenging racism through schools: Teacher attitudes to cultural diversity and multicultural education in Sydney, Australia. *Race Ethnicity and Education*, 19(3), 618-638.

Furedi, F. (2020). Social distancing, safe spaces and the demand forquarantine. *Society*, 57(4), 392-397.

Goethals, G. R. (1986). Social comparison theory: Psychology from the lost and found. *Personality and Social Psychology Bulletin*, 12 (3), 261-278.

Hagendoom, L. & Hraba, J. (1987). Social distance toward Holland's minorities: Discrimination against and among ethnic outgroups. *Ethnic and Racial Studies*, 10(3), 317-333.

Hamilton, D. L. & Sherman, J. W. (2014). Stereotypes. In *Handbook of social cognition*(pp. 17-84). Psychology Press.

Higgins，E. T. (1989). Self-discrepancy theory：What patterns of self-beliefs cause people to suffer? In *Advances in experimental social psychology*(Vol. 22，pp. 93-136). Academic Press.

Higgins，E. Tory；Roney，Christopher J. R.；Crowe，Ellen；Hymes，Charles(1994). Ideal versus ought predilections for approach and avoidance distinct self - regulatory systems. *Journal of Personality and Social Psychology*，66(2)，276-286.

Karakayali，N. (2009). Social distance and affective orientations 1. In *Sociological Forum*(Vol. 24，No. 3，pp. 538-562). Oxford，UK：Blackwell Publishing Ltd.

Lalwani，A. K.，Shrum，L. J. & Chiu，C. Y. (2009). Motivated response styles：The role of cultural values，regulatory focus，and self-consciousness in socially desirable responding. *Journal of Personality and Social Psychology*，96(4)，870.

Lee，A. R.，Son，S. M. & Kim，K. K. (2016). Information and communication technology overload and social networking service fatigue：A stress perspective. *Computers in Human Behavior*，55，51-61.

Lu，G. (2008). The social distance between urban residents and migrant workers：An institutional analysis. *Social Sciences in China*，29(3)，172-186.

Nario-Redmond，M. R. (2019). *Ableism：The causes and consequences of disability prejudice*. John Wiley & Sons.

Nicuta，E. G. & Constantin，T. (2021). Take nothing for granted：Downward social comparison and counterfactual thinking increase adolescents' state gratitude for the little things in life. *Journal of Happiness Studies*，1-28.

Park，R. E. (1924). The concept of social distance：As applied to the study of racial relations. *Journal of Applied Sociology*，8，339-334.

Park，R. (2000). The nature of race relations. *Theories of race and racism：A reader*，pp. 105-112.

Park，S. Y. & Baek，Y. M. (2018). Two faces of social comparison on

Facebook: The interplay between social comparison orientation, emotions, and psychological well-being. *Computers in Human Behavior*, 79, 83-93.

Paul, B., Salwen, M. B. & Dupagne, M. (2000). The third-person effect: A meta-analysis of the perceptual hypothesis. *Mass Communication & Society*, 3(1), 57-85.

Peiser, W. & Peter, J. (2000). Third-person perception of television-viewing behavior. *Journal of Communication*, 50, 25-45.

Price, V., Huang, L. N. & Tewksbury, D. (1997). Third-person effects of news coverage: Orientations toward media. *Journalism & Mass Communication Quarterly*, 74(3), 525-540.

Protess, D. & McCombs, M. E. (Eds.). (2016). *Agenda setting: Readings on media, public opinion, and policymaking*. Routledge.

Puhl, R. M., Andreyeva, T. & Brownell, K. D. (2008). Perceptions of weight discrimination: prevalence and comparison to race and gender discrimination in America. *International Journal of Obesity*, 32(6), 992-1000.

Roesch, C. (2015). The social distance scale, Emory S. Bogardus and Californian interwar migration research offside The Chicago School. *Journal of Migration History*, 1(2), 200-214.

Rogers, E. M. (1999). Georg Simmel's concept of the stranger and intercultural communication research. *Communication Theory*, 9(1), 58-74.

Scharrer, E. & Ramasubramanian, S. (2015). Intervening in the media's influence on stereotypes of race and ethnicity: The role of media literacy education. *Journal of Social Issues*, 71(1), 171-185.

Shen, L., Palmer, J., Kollar, L. & Comer, S. (2015). A social comparison explanation for the third-person perception. *Communication Research*, 42, 260-280.

Shillito, J., Gallup Jr, G. G. & Beck, B. B. (1999). Factors affecting mirror behaviour in western lowland gorillas, Gorilla gorilla. *Animal Behaviour*, 57(5), 999-1004.

Sinigaglia, C. & Rizzolatti, G. (2011). Through the looking glass: Self and others. *Consciousness and Cognition*, 20(1), 64-74.

Smith，D. (1988). Robert Park. *In The Chicago School：A Liberal Critique of Capitalism*，pp. 111-133.

Smith，R. H. (2000). Assimilative and contrastive emotional reactions to upward and downward social comparisons. *Handbook of social comparison：Theory and research*，173-200.

Spencer，S. J.，Logel，C. & Davies，P. G. (2016). Stereotype threat. *Annual Review of Psychology*，67，415-437.

Tajfel，H.，Turner，J. C.，Austin，W. G. & Worchel，S. (1979). An integrative theory of intergroup conflict. *Organizational identity：A reader*，56(65)，9780203505984-16.

Van de Ven，N. (2017). Envy and admiration：Emotion and motivation following upward social comparison. *Cognition and Emotion*，31(1)，193 -200.

Wark，C. & Galliher，J. F. (2007). Emory Bogardus and the origins of the social distance scale. *The American Sociologist*，38，383-395.

Weiermair，K. & Fuchs，M. (2000). The impact of cultural distance on perceived service quality gaps：The case of alpine tourism. *Journal of Quality Assurance in Hospitality & Tourism*，1(2)，59-75.

Weinfurt，K. P. & Moghaddam，F. M. (2001). Culture and social distance：A case study of methodological cautions. *The Journal of Social Psychology*，141(1)，101-110.

Yeung，K. T. & Martin，J. L. (2003). The looking glass self：An empirical test and elaboration. *Social Forces*，81(3)，843-879.

<<< **第四章**

自我特质

在社会距离与第三人效应的研究中,自我作为与他人比较的锚地,个人的背景差异也是一个重要的影响因素。每个人都是独特的,以自我为中心的个人认知是偏见产生的重要原因,个人特性的形成受到生理、心理、社会、文化和经历等多方面因素的影响(Henriksen & Flora, 1999)。个人的性格是自我的一个重要组成部分,它描述了一个人的持久的情感、动机和行为模式。性格不仅影响我们如何看待自己,还影响我们如何与他人互动,进而影响媒介第三人效应的产生。

性格因素

性格与媒体偏好之间的关系是传播学研究的重要内容,性格特质决定我们偏好哪种类型的媒体内容。开放性是五大性格特质之一,它描述了一个人对于新体验、新观念以及各种知觉体验的接受度(Digman, 1997)。这种性格特质不仅涉及对新事物的好奇心和接受能力,还与个体的创造性和好奇心紧密相关。开放性较高的人往往在思想上更具探索性,愿意尝试新事物,对于传统观念持有更为批判的态度。

开放性高的人群对艺术片、先锋电影更感兴趣,因为这些影片往往带有挑战传统观念、引发深思和探索新领域的内容(Weaver 等,1993)。在电视节目偏好方面,他们可能对于那些具有复杂情节、非线性叙事的节目抱有兴趣,文化类、探索类的节目会更满足开放性高的受众的需求（Kraaykamp & Van Eijck，2005）。此类人群可能更喜欢非主流的音乐风格，此类音乐往往具有创意元素，能够为开放性高的人提供刺激的听觉体验（Bowes et al.，2018）。开放性高的个体更倾向于阅读诗歌、哲学或抽象的科幻小说，他们欣赏那些能够扩展思维边界、深入剖析人性的作品。在媒体技术的扩散过程中，开放性高的人可能对新的技术和数字平台特别感兴趣，他们可能是新媒体技术的早期采纳者。因此，在解析媒介的影响时，开放特质的人群可能会对新技术、新形态的媒体接受程度更高，这种性格特质也会对于第三人认知产生较强的影响。

尽责性是描述一个人如何对待职责、任务和承诺的性格特质，涉及一个人的自律性、组织能力、可靠性（Digman，1989）。具有高度责任感的人往往对自己的行为持有更高的标准，他们执行任务时表现得更为有序，且更加可靠。这种性格特质不仅关乎工作，还影响到一个人在日常生活中的决策和行为，例如他们的媒体消费习惯。具有高度尽责性的人很可能对新闻和时事节目有浓厚的兴趣，他们关心社会、国家的发展（Kraaykamp & Van Eijck，2005），时事新闻的阅读和分析为他们提供了更强的洞察力，使他们能够做出明智的决策。具有较高尽责性的人更可能是关于历史、科学、艺术的纪录片的积极观众，这些内容为他们提供了增长知识和技能的机会。

外向性是五大性格特质之一，外向的人在社交场合中通常表现得更为活跃，善于与他人互动，并能从社交活动中获得满足感（Grant et al.，2009）。与之相反，内向的人可能更加沉默、保守，更喜欢独处。外向的人往往对真人秀、喜剧节目产生浓厚的兴趣，不仅热衷于观看此类媒体内容，他们也希望借此找到更多的社交话题（Hawkes，2018）。他们在社交媒体上非常活跃，乐于观看短视频等新兴媒体平台的内容，并经常发布状态、评论和分享，与其他用户进行互动（Lee et al.，2014）。外向的人可能更倾向于多角色互动类的在线游戏，可以更多地与其他玩家互动；他们也更喜欢那些带有社交功能的应用程序，如信息共享平台（Akbari et al.，2021）。

宜人性是另一种常见性格，它描述了一个人在与他人互动时的态度和方式。具有高度宜人性的人通常非常友善、愿意合作，有较强的亲和力，他们更愿意看到和感受到人与人之间的积极关系，重视和谐互助（Graziano & Eisenberg，1997）。具有高度宜人性的人可能对那些强调家庭价值观、友情和爱情的影视节目感兴趣，他们乐于看到角色之间的情感纽带，尤其是在经历困难时的相互支持（Bresin & Robinson，2015）。这类人群可能会被那些真实的、展现人们对抗困境、互相帮助的媒体内容所吸引,真情实感的情节更可能打动他们。宜人性高的人倾向于寻求轻松、愉快的体验,喜欢那些轻松、幽默的节目,因为这样的内容可以带给他们欢乐和放松。具有高度宜人性的人可能对那些与社区和公益活动相关的媒体内容特别感兴趣,这些内容强调了人与人之间的联系和互助(Petersen et al.,2014)。

神经质性是五大性格特质中的另一维度,它描述了一个人对压力、冲突和挑战的反应方式,以及其经历和表达负面情绪的频率和强度。具有高度神经质的人往往容易感受到焦虑、抑郁,无法保持情绪的稳定(Barlow et al.,2014)。神经质属性的人可能被紧张刺激的影视情节所吸引,因为这样的内容提供了一种释放和表达自己内部情感的方式。这类人群会对那些描述复杂人际关系和情感冲突的影视剧感兴趣,因为这些剧集会触及他们内心深处的情感经历(Hall,2005)。由于他们可能经常寻找表达自己的情感,社交媒体、论坛和聊天软件等互动媒体更受到他们的青睐(Rice & Markey,2009)。

在研究第三人效应的文章中,目前较少考虑到个体性格差异对于第三人评估的影响。作为固有的个体特质,性格在决定认知偏见的形成中发挥重要的作用。神经质较高的人们常常将世界视为威胁,并可能更倾向于认为媒体信息会对他人产生有害的影响。开放性较高的人们通常更接受新观点,并可能以较小的偏见来看待媒体信息,他们可能不认为其他人会比自己更受媒体信息的影响。高度的尽责性的个体重视秩序,可能会认为某些负面媒体信息会破坏社会秩序,从而支持对于此类信息传播的限制。由于外向性较高的个体更多地参与社交互动,他们可能会认为自己对他人及媒体影响的敏感性有更准确的了解,加剧第三人效应。宜人性较高的人倾向于富有同情心,对他人的信任可能会减轻对他人过度受媒体影响的看法。以上推论仍缺乏实证研究的系统性支持,现有的基于性格的定义也多基于西方语境,本土化研究中需充分考虑中国社会环境的独特性,进而优化性格分类,得出更全面的结论。

年龄与性别

在社会人口因素中,自我的年龄和性别对第三人效应的影响是复杂而多维的。一般来说,年长的人和女性群体更支持限制负面媒体内容的传播,对不良媒体信息的影响感到焦虑,例如色情信息接触带来的暴力倾向加剧、道德堕落等问题(Perloff,1993)。这种焦虑可能出于他们对于社会秩序重视,以及对于弱势群体的同情和理解。

不同年龄段的人对于媒体内容的认知和评价有明显差别。一般来说,年轻人更加开放,更倾向于接受新事物和新思想,对于媒体内容的评价也更加多元和开放。老年人则更倾向于传统的价值观和社会规范,他们对于媒体内容的评价也更加严格和保守。现有研究表明,相比于年轻人,年长的人群更支持不良媒介信息的审查(Hong,2015)。Leone 等人(2006)针对大学生群体的研究中,当被问到电视节目的影响时,受访者的第三人感知随着比较对象与自己的年龄差距而增加,大学生群体普遍认为电视节目对于老年人的影响较大。此外,现有研究发现年长的受访者普遍对于网络暴力和赌博持负面态度,认为此类网络服务对于青年群体有更大的负面影响,相比于年轻群体,他们更加支持对于此类网络服务的审查和监管(Wan & Youn,2004)。

性别对第三人效应的影响可能和两性的社会角色差异有关。通常意义上来说,女性更多地承担了照顾家庭中子女和老人的责任,她们更关注子女教育和社区安全等议题;男性则更多地承担了经济收入和社会管理的职责,他们更注重权力和社会地位,因此对于政治新闻、国际新闻更加关注(Kleemans et al.,2012)。在涉及色情、暴力等媒介信息时,女性会更加关注其对孩子的影响,更愿意限制相关信息的传播。研究表明,相比于男性,女性更多地感知到网络色情的负面影响,对于色情信息的审查持更正面的态度(Lo & Wei,2002)。在有关中国单身女性的研究中,学者发现该群体对于媒介中有关婚姻的刻板印象报道持负面态度,并认为这种报道扭曲了社会对于单身女性的认知(Jiang & Gong,2016)。以上研究说明,女性对于媒体中有关性别议题的内容尤为敏感,性别对第三人认知会产生重要的影响。

教育水平

教育背景影响个人的认知和判断能力,受教育程度较高的人通常会具备更强的思考和分析能力,能够更全面地理解信息,并对接触到的媒体信息进行批判(Davies,2015)。媒介影响的自我-他人感知差异在很大程度上取决于个体对信息的理解,高知群体更可能高估媒介对于社会中普通人的影响(Peiser & Peter,2000)。受教育程度较高的人更容易产生第三人认知,他们更加重视自己的专业知识和技能,低估他人的认知能力。教育背景还会影响个人的自我认知和定位,受教育程度较高的人通常会更加自信和独立,注重自我实现和自我价值的追求。这种认知偏向可能会导致他们更加倾向于将自己与他人进行比较,更容易产生第三人效应。教育背景对第三人效应的影响并不是简单的因果关系,它还可能受到其他社会因素的影响,例如社会地位、文化背景、价值观等。

相关知识

个人的知识储备对于理解媒介影响起到关键作用。知识丰富的人能够深入地分析和解读信息,特别是在遇到劝说性的内容时(Szenes等,2015)。这些人能够更准确地识别信息的潜在影响,从而做出更为理性和客观的决策。例如,在政治领域,具有深厚政治知识的人更能够洞察政治广告背后的意图,批判性地解读相关政治新闻(Meirick,2004)。在审视媒介信息时,掌握更多知识的人会更关注信息的动机、真实性和可信度,这种能力有助于他们抵制媒介的影响。在知识丰富和专业技能较高的群体中,第三人效应可能更为明显。因为这些人更容易产生深度思考,将自我与他人进行比较,相关知识领域中的自我优势感知导致第三人认知的产生。

个人的知识水平还会影响其社会距离感。具备更多知识和专长的人通常会更加注重自我实现和自我价值的追求,认为其他人与自己的差距较大。例如在对政治新闻感兴趣的读者中,他们会对时事新闻进行批判性的解读,利用他们的知识储备做更多的扩展讨论,倾向于认为其他普通读者更容易受到政治新闻的影响(Salwen & Dupagne,1999)。在教育领域中,教师可能更加关注与教学相关的知识,而对于学生的需求缺乏足够的关注。如果教师仅从自己的认知出发设计教学方案,这种认知偏差会导致学生不满的情绪,影响教学效果。

态　度

既有态度是个体对特定对象、人或事件的看法和行为倾向。态度是基于过去的经验、教育、文化背景和社会互动而形成的,影响人们对媒体信息的理解。个人的既有态度是影响第三人效应的重要预测因子。例如,一篇新闻与我们的既有认知一致,读者会倾向于赞同媒介信息,并且认为与自己相似的人会持同样的态度(Lindgren et al.,2022)。

认知失调理论为我们理解态度对于第三人认知的影响提供了一种解释框架。心理学家费斯汀格(Leon Festinger)在 1957 年首次提出了认知失调理论，这一理论涉及人们在面对相互矛盾的态度或行为时所经历的心理紧张状态。简言之，当人们的既有认知遭受挑战，或与自身的行为产生冲突时，人们会感到不安和紧张(Hinojosa et al.，2017)。当心理失调发生时，它产生的不适感实际上是一种心理上的"饥饿感"，迫使我们采取措施恢复平衡。为了减少这种心理失调，个体可能会改变自己的态度或行为(Metin & Camgoz，2011)。

我们的日常生活充满了潜在的失调情境，从简单的日常决策到重大的人生抉择，都可能导致失调的产生。例如，如果一个人认为吸烟有害健康，但他自己仍在吸烟，他可能会因为感到不安而戒烟，或者将自己的认知调整为"吸烟对健康的影响微乎其微"(Orcullo & Teo，2016)。通过强调吸烟与健康和生活质量之间的冲突，健康宣传可以使吸烟者感受到强烈的认知失调，从而鼓励他们放弃这一习惯。购买昂贵商品后的买家后悔是一个典型例子，当一个人在购买后开始怀疑是否做出了正确的选择，或者开始寻找其他可能更好的选择时，人们会体验到认知失调，需要寻找更多的理由来支持自己的购买行为(Rolling et al.，2021)。

某种程度来讲，第三人效应是人们应对认知失调的一种策略，在面对负面的媒介信息时，可以降低自身的焦虑和不安。在媒介广泛渗透的今天，了解人们如何处理、解释和对待从各种渠道接收到的信息变得尤为重要。人们常常更愿意关注与其既有态度相符的信息，而忽略与既有态度不符的信息。这种选择性注意使得个体容易陷入"信息茧房"之中，只接受符合自己观点的信息，强化既有的态度(Ji，2020)。当受众接收到媒介信息时，他们会基于自己的既有态度来解释这些信息。例如，对于政治候选人的新闻报道，持有不同政治观点的受众可能会有完全不同的解读，与既有态度相符的信息更容易被记住，而与之不符的信息则容易被忽略或遗忘。这种记忆偏差进一步强化了个体的既有态度，并使其对与自身认知一致的信息更为敏感。受众通常会基于其既有态度来评价媒介信息的可靠性和价值，从而摒弃那些和自身观点冲突的媒体来源。

话题参与度

话题参与不仅仅是源于兴趣，它涉及个人对某一特定话题的深度理解和互动。对某些话题感兴趣的人会积极地阅读相关文章,收看相关的电视评论,经常性地与他人进行讨论。话题参与涉及个人与该话题的认知和情感联系,认知联系指一个人对话题的理解,而情感联系则涉及他们对话题的情感反应。更高程度的话题参与体现在时间和金钱的投入以及精力和情感倾注,球迷是一个典型的高参与度群体。

当我们热爱一支球队,不仅是因为球队的表现,球迷与球队有深度的情感连接,将球队看成是自我的某种映射。那些生活中充满活力、喜欢探索的人,可能更倾向于支持风格自由、进攻型的队伍。那些喜欢策略型、计划周密的人,更可能喜欢组织严密、防守强大的团队。球场是一个独特的地方,无数的球迷汇聚在此,为同一个目标欢呼和祝愿。在这种集体的情境中,每个人都体验到了与他人的深厚连接,增强了个人的归属感,使得他们暂时忘记生活中的孤独和压力。球迷们在球队胜利后经常感到一种个人的满足和自豪,当支持的球队赢得比赛时,他们的自尊心也会得到提升。真正的球迷与他们支持的球队之间的关系,远远超过了一般的喜好。无论球队经历怎样的高潮或低谷,他们的支持始终不渝。在不同的文化背景下,足球都扮演着重要的角色。它为人们提供了一种与自己的文化、传统和身份连接的桥梁,在如今这个全球化的时代,足球为人们提供了归属感。

在信息传播的过程中,个人的话题参与度对于第三人感知的影响是一个值得深入探讨的问题。当我们对一个话题的参与度越高,我们就会越系统地处理有关该话题的信息,更加关注信息的细节,而不是仅仅依赖于外部线索和启发式方法。例如,球迷对于比赛会有自己的见解,不完全依赖于媒体评论做出判断。对于此类话题的高度关注,会导致自身与其他人区别开来,形成独特的身份认同,增加自我与他人的感知社会距离(Garcia-Marques & Mackie,2007)。高参与度的人往往在该话题上有更好的批判性思维能力,从而更加有选择性地消费相关的媒体信息。因此,与一般公众相比,他们的第三人感知可能更为明显,因为他们认为自己能意识到媒体中的偏见。

信息加工策略

系统式和启发式是两种常见的信息处理方式,对第三人认知的产生具有一定的影响。启发式-系统式模型被广泛地运用于解释人们对信息所做出的反应,该模型认为信息处理是态度形成或转变的先导因素,人们在获取信息后可能采取两种信息处理模式，并对所接收的信息进行评估和判断。系统性处理(Systematic Processing)指人们对信息进行全面的评估过程，详尽考虑所有可用的信息，评估论据的优点和缺点，并将此信息与他们现有的知识和观念整合。系统式处理的一个标志是信息处理的深度，个体深入探讨内容，分析论据的逻辑、质量和相关性(Chen et al.，1999)。要进行系统式信息加工，个体必须有处理信息的动机(例如，涉及的信息与个人紧密相关)，并且还拥有进行此类处理的认知能力，例如相关知识储备与保持专注的能力(Kahlor et al.，2003)。通过系统式处理形成的决策或态度通常比较稳定且不易改变。

当消费者面临重要的购买决策，尤其是涉及高价商品时，系统式信息处理显得尤为关键(Shukla，2012)。消费者首先需要明确自己的需求，例如想要一个大屏幕电视还是一个适合卧室的小屏幕电视？4K分辨率是否真的必要？他们是否需要智能电视的功能？理性消费者可能会查看多个品牌和型号，比较其特点、技术规格和价格，参考消费者报告或在线评测来获取更多信息，这些评价可能会揭示某些产品的潜在问题。理性的消费者会权衡每个选项的价值，以确定哪个产品为他们提供了最好的性价比。通过系统式的信息处理，消费者可以确保他们的购买决策是明智的。

在政治选举期间，选民面临的是决定国家或地区未来方向的重要决策，系统式信息处理在此过程中起到了关键作用。选民可能会研究各个候选人或政党的政策立场，了解他们在税收、医疗保健、教育等关键问题上的观点。候选人或政党的过去表现可能会影响选民的决策，例如，他们是否履行了以前的承诺？他们在公共服务中的经验是什么？(Forehand，Gastil & Smith，2004)通过观看辩论或访谈，选民可以更直接地了解候选人的观点和沟通能力，新闻报道、专栏文章和社会评论会提供关于候选人政策的深入分析，帮助选民形成更全面的看法(Barker & Hansen，2005)。与家人、朋友或同事讨论也可以帮助选民看到不同的观点，可能会影响他们的决策。

虽然系统式处理对于决策更为有益，人们很多时候仍然会依托于启发式处理这样的"快捷方式"。个体会基于简单的线索(如信息源的可信度)来做出判断，而不是信息内容本身。个体不是深入分析信息，而是依赖快速且省力的方式做出决策，在这样的模式中，信息在更表面的层次上被处理，不需要深思熟虑(Chaiken & Maheswaran，1994)。启发式处理比系统式处理速度更快，需要的认知努力更少。常见的启发式线索包括来源可信度、权威性、专业性、常识性、简洁性，通过启发式处理形成的决策更容易受到偏见的影响。

在观看电视广告时，人们通常认为如果是名人代言某产品，那么它一定是好的或有效的。以护肤品为例，消费者可能不会仔细阅读护肤品的实际成分，寻求支持其有效性的科学证据，代言人的存在成为判断产品是否值得信赖的主要依据，而不是对产品本身进行详细的评估。在社交媒体上，当用户看到关于一本新书的帖子，并且朋友都在谈论和推荐这本书，人们就会有购买的冲动。用户可能不太了解这本书的内容，或者这本书的主题是否与他们的个人兴趣一致。看到多个朋友赞扬这本书成为了一种心理上的快捷方式，使用户相信这本书值得一读。在以上两个例子中，决策都是基于简单的线索，而不是对手头的信息进行深入、系统性的评估，这就是启发式信息处理的特点。

系统式和启发式的两种信息处理方式可以通过各种方式影响第三人效应。当个体进行系统式处理时，他们深入地分析媒体内容，对媒体内容的评估和认知的形成是基于逻辑和证据，可能使个体更加意识到媒体信息中的偏见。此类人群可能会认为其他人缺乏这种系统分析的能力，会受到媒体更大的影响。

当个体依赖启发式处理时，如果某人基于信息来源的可信度而不是信息内容质量来做出判断，他们仍然可能认为其他人更易受信息影响。当人们以一种非理性的方式加工信息时，他们会刻意忽视潜在的风险，以避免认知失调，并认为他人也遵从相似的路径。由于启发式处理经常是无意识发生的，个体可能会忽视媒体对自身的影响。但是出于自我提升动机，启发式处理的人会倾向于认为其他人也采取相似的路径，例如在购物选择中，人们通常认为自己更加精明，能够买到高性价比的产品（Neuwirth et al.，2002）。因而，在启发式处理模式中，人们仍然可能认为其他人更容易受到媒体的影响。

本章小结

第三人效应是一个复杂的心理现象，个人作为比较的锚地，对于第三人认知具有多重的影响。性格因素决定了个体如何评估媒体对自己和他人的影响，某些性格特质可能使个体更容易受到第三人效应的影响。人口统计因素，如年龄、性别和种族，也可能影响个体的第三人感知。教育水平和个人知识也与第三人效应有关，高知群体可能更能够批判性地评估媒体的影响。媒介接触的频率和深度、话题参与度、个人的态度、信息加工策略等维度也会导致第三人认知的产生。自我的差异化特质影响着第三人效应的强度，对于自我与他人的比较产生重要的影响。

● **本章参考文献** ···

Akbari，M.，Seydavi，M.，Spada，M. M.，Mohammadkhani，S.，Jamshidi，S.，Jamaloo，A. & Ayatmehr，F.（2021）. The Big Five personality traits and online gaming：A systematic review and meta-analysis. *Journal of Behavioral Addictions*，10(3)，611-625.

Barker，D. C. & Hansen，S. B.（2005）. All things considered：Systematic cognitive processing and electoral decision-making. *The Journal of Politics*，67(2)，319-344.

Barlow，D. H.，Ellard，K. K.，Sauer-Zavala，S.，Bullis，J. R. & Carl，J. R.（2014）. The origins of neuroticism. *Perspectives on Psychological Science*，9(5)，481-496.

Bowes，S. M.，Watts，A. L.，Costello，T. H.，Murphy，B. A. & Lilienfeld，S. O.（2018）. Psychopathy and entertainment preferences：Clarifying the role of abnormal and normal personality in music and movie interests. *Personality and Individual Differences*，129，33-37.

Bresin，K. & Robinson，M. D.（2015）. You are what you see and choose：Agreeableness and situation selection. *Journal of Personality*，83(4)，452-463.

Chaiken，S. & Maheswaran，D.（1994）. Heuristic processing can bias systematic processing：effects of source credibility，argument ambiguity，and task importance on attitude judgment. *Journal of Personality and Social Psychology*，66(3)，460.

Chen，S.，Duckworth，K. & Chaiken，S.（1999）. Motivated heuristic and systematic processing. *Psychological Inquiry*，10(1)，44-49.

Davies，M.（2015）. A model of critical thinking in higher education. *Higher Education：Handbook of Theory and Research：Volume* 30，41-92.

Digman，J. M.（1989）. Five robust trait dimensions：Development，stability，and utility. *Journal of Personality*，57(2)，195-214.

Digman，J. M.（1997）. Higher-order factors of the Big Five. *Journal of Personality and Social Psychology*，73(6)，1246.

Forehand, M., Gastil, J. & Smith, M. A. (2004). Endorsements as voting cues: Heuristic and systematic processing in initiative elections. *Journal of Applied Social Psychology*, 34(11), 2215-2231.

Garcia-Marques, T. & Mackie, D. M. (2007). Familiarity impacts person perception. *European Journal of Social Psychology*, 37 (5), 839-855.

Grant, S., Langan-Fox, J. & Anglim, J. (2009). The big five traits as predictors of subjective and psychological well-being. *Psychological Reports*, 105(1), 205-231.

Graziano, W. G. & Eisenberg, N. (1997). Agreeableness: A dimension of personality. In *Handbook of personality psychology* (*pp.* 795-824). Academic Press.

Hall, A. (2005). Audience personality and the selection of media and media genres. *Media Psychology*, 7(4), 377-398.

Hawkes, R. (2018). Openness, otherness, and expertise: Uncertainty and trust in Stewart Lee's comedy vehicle. *Comedy and the Politics of Representation: Mocking the Weak*, 43-59.

Henriksen, L. & Flora, J. (1999). Third-person perception and children. *Communication Research*, 26,643-665.

Hinojosa, A. S., Gardner, W. L., Walker, H. J., Cogliser, C. & Gullifor, D. (2017). A review of cognitive dissonance theory in management research: Opportunities for further development. *Journal of Management*, 43(1), 170-199.

Hong, S. (2015). Do cultural values matter? A cross-cultural study of the third-person effect and support for the regulation of violent video games. *Journal of Cross-Cultural Psychology*, 46, 964-976.

Ji, L. (2020). How to crack the information cocoon room under the background of intelligent media. *International Journal of Social Science and Education Research*, 3(3), 169-173.

Jiang, L. & Gong, W. (2016). Counteracting indirect influence: The responses of single Chinese women to prejudicial media portrayals of single womanhood. *Chinese Journal of Communication*, 9,215-231.

Kahlor，L.，Dunwoody，S.，Griffin，R. J.，Neuwirth，K. & Giese，J.（2003）. Studying heuristic systematic processing of risk communication. *Risk Analysis: An International Journal*，23（2），355-368.

Kleemans，M.，Hendriks Vettehen，P. G.，Beentjes，J. W. & Eisinga，R.（2012）. The influence of age and gender on preferences for negative content and tabloid packaging in television news stories. *Communication Research*，39（5），679-697.

Kraaykamp，G.，& Van Eijck，K.（2005）. Personality，media preferences，and cultural participation. *Personality and Individual Differences*，38（7），1675-1688.

Lee，E.，Ahn，J. & Kim，Y. J.（2014）. Personality traits and self-presentation at Facebook. *Personality and Individual Differences*，69，162-167.

Leone，R.，Peek，W. & Bissell，K.（2006）. Reality television and third-person perception. *Journal of Broadcasting & Electronic Media*，50，253-259.

Lindgren，E.，Lindholm，T.，Vliegenthart，R.，Boomgaarden，H. G.，Damstra，A.，Strömbäck，J. & Tsfati，Y.（2022）. Trusting the facts: The role of framing，news media as a（trusted）source，and opinion resonance for perceived truth in statistical statements. *Journalism & Mass Communication Quarterly*，10776990221117117.

Lo，V. & Wei，R.（2002）. Third - person effect，gender，and pornography on the internet. *Journal of Broadcasting & Electronic Media*，46，13-33.

Meirick，P. C.（2004）. Topic-relevant reference groups and dimensions of distance: Political advertising and first-and third-person effects. *Communication Research*，31（2），234-255.

Metin，I. & Camgoz，S. M.（2011）. The advances in the history of cognitive dissonance theory. *International Journal of Humanities and Social Science*，1（6），131-136.

Neuwirth，K.，Frederick，E. & Mayo，C.（2002）. Person-effects and heuristic-systematic processing. *Communication Research*，29（3），320-359.

Orcullo, D. J. C. & Teo, H. S. (2016). Understanding cognitive dissonance in smoking behaviour: A qualitative study. *International Journal of Social Science and Humanity*, 6(6), 481-484.

Peiser, W. & Peter, J. (2000). Third-person perception of television-viewing behavior. *Journal of Communication*, 50(1), 25-45.

Perloff, R. M. (1993). Third-person effect research 1983—1992: A review and synthesis. *International Journal of Public Opinion Research*, 5(2), 167-184.

Petersen, M. B., Aarøe, L., Jensen, N. H. & Curry, O. (2014). Social welfare and the psychology of food sharing: Short-term hunger increases support for social welfare. *Political Psychology*, 35(6), 757-773.

Rice, L. & Markey, P. M. (2009). The role of extraversion and neuroticism in influencing anxiety following computer-mediated interactions. *Personality and Individual Differences*, 46(1), 35-39.

Rolling, V., Seifert, C., Chattaraman, V. & Sadachar, A. (2021). Pro - environmental millennial consumers' responses to the fur conundrum of luxury brands. *International Journal of Consumer Studies*, 45(3), 350-363.

Salwen, M. B. & Dupagne, M. (1999). The third-person effect: Perceptions of the media's influence and immoral consequences. *Communication Research*, 26(5), 523-549.

Shukla, P. (2012). The influence of value perceptions on luxury purchase intentions in developed and emerging markets. *International Marketing Review*, 29(6), 574-596.

Szenes, E., Tilakaratna, N. & Maton, K. (2015). The knowledge practices of critical thinking. In *The Palgrave handbook of critical thinking in higher education* (pp. 573-591). New York: Palgrave Macmillan US.

Wan, F. & Youn, S. (2004). Motivations to Regulate Online Gambling and Violent Game Sites. *Journal of Interactive Advertising*, 5, 46-59.

Weaver III, J. B., Brosius, H. B. & Mundorf, N. (1993). Personality and movie preferences: A comparison of American and German audiences. *Personality and Individual Differences*, 14(2), 307-315.

<<< **第五章**

媒介信息特质

在媒介效果研究中,当接触的媒介信息可能产生负面后果时,第三人效应尤为显著。相反,在亲社会的媒介信息研究中,受众呈现出第一人效应,认为媒介对自己的影响更大。需要指出的是,现有研究对于信息的负面性/正面性多依据于常识进行判断,而实际情况中,人们对于信息的理解可能是存在巨大差异的。例如,在有关吸烟行为的研究中,吸烟人群可能会认为吸烟的危害是微不足道的,影视剧中吸烟的场景是男性魅力的体现(Jones & Rossiter,2008)。非吸烟的群体则更倾向认为影视剧中吸烟的情节具有显著的负面影响。在第三人效应的研究中,参与者主体对于信息特质的感知需要予以重点关注。

负面媒介信息

信息正面性在英文中称之为 Message Desirability,中文中并没有明确的译法,也有文章译为"信息可取性/亲社会性/吸引力"。这个词用于描述事物的吸引力、受欢迎程度,以及其是否被社会规范所接受,是个人对于信息的一种主观认知。反之,负面的信息通常是指那些可能产生不良的社会影响,对人们的认知、行为产生误导的信息,媒介当中有关吸烟、饮酒这样的不良生活习惯、暴力粗鲁的情节、色情信息都可以被归类为负面的媒介信息(Sun,Pan & Shen,2008)。从媒体中接收到负面信息时,人们可能会认为其他人会受到此类媒介信息的误导,产生负面的社会影响。例如在研究含有暴力内容的电视节目时,人们普遍认为此类信息会引导人们增加暴力倾向,甚至是诱导犯罪(Hoffner & Buchanan,2002;Hoffner et al.,2001)。在有关游戏的研究中,家长也更支持对于暴力元素的审查,认为其可能对于青年人带来不利的影响(Hong,2015;Scharrer,2002)。这种现象产生的原因可能是负面的信息与普遍的社会预期冲突,人们认为他人更容易受到负面信息的左右。

在探讨信息属性的认知与第三人效应的关系时,一系列研究为我们提供了宝贵的见解。学者们发现在广告效果研究中,第三人效应大多是显著的,多数受众认为广告传达了有害或负面的信息,会误导消费者(Huh 等,2004)。受众可能将自己视为理性的消费者,认为广告不会对他们产生影响。感知到的广告负面影响包括对于消费主义的推动,导致购买不需要的产品(Cheong et al.,2014)。许多广告运用性别、种族、年龄等刻板印象来推销产品,进而加剧社会偏见。例如,女性受众可能会对身材不满,导致厌食症和心理问题(Polivy & Herman,2004)。广告常常推销高糖、高脂肪和高盐的食品,这可能会增加健康问题,如肥胖、心脏疾病和糖尿病的风险(Naderer,2021)。儿童可能没有能力分辨广告的意图,导致他们容易受到广告的影响,并形成不健康的消费习惯(Shabbir,2016)。

不同类型的广告也可能存在一定差异。Duck 等人(1995)发现那些内容积极、亲社会的广告比起纯商业广告更容易影响观众自身,会抑制第三人效应。Gunther 和 Thorson(1992)的研究测试了产品广告与公益广告中的第三人效应,结果显示产品广告中第三人的效应得到了支持;他们发现许多受访者在公益广告的研究中,出现了反向的第三人效应,即认为自己比其他人更易受公益广告的影响。由此可见广告的类型,是否具有商业、政治目的,是影响第三人效应显著的重要预测因子。

对于新闻来说,受众可能会觉得那些关心新闻的人对于相关事件有更深的理解,也更可能是受过良好教育的。在 Gunther 和 Mundy(1993)的研究中,他们指出当信息以广告形式呈现时,第三人效应比新闻更为明显。但研究中也不乏反例,相关研究大部分聚焦于政治新闻对于第三人认知的影响。美国受众普遍认为政治新闻在选举期间会影响选民的投票,并且质疑报道内容的真实性(Kim,2016;Price & Tewksbury,1996)。随着网络媒体的出现,在假新闻的研究中,学者们也发现第三人效应普遍存在(Jang & Kim,2018)。

很少有研究要求参与者对信息的正面性/负面性进行评价。研究者通常是依赖于常识来判定信息是否符合社会的预期，例如色情信息、暴力信息是有害的，应该被禁止。Paul 在 2000 年发表的元分析中把所研究的信息编码为正面、负面或中性的，作者在文章中承认这种假定可能是不可靠的。正面信息并非总是受欢迎的，例如，Duck 和 Mullin（1995）的研究发现，人们仅去阅读正面的、有价值的信息被视为是一种无趣、迂腐、守旧的行为。Hoorens 和 Ruiter（1996）直接测试了信息的正面性和负面性，尽管结果证实了研究的预设，但是研究者承认仅仅以正负（desirability/undesirability）来区分媒体信息是偏颇的。Meirick（2005）曾在文章中质疑过信息属性的预设和假定是否有效。一项早期的研究旨在确定一条信息可能带来的潜在伤害，以及与第三人称感知的关系（Rucinski & Salmon，1990），研究人员要求受访者对负面的政治广告、民意调查、新闻和辩论的感知伤害（负面性）进行评分。受访者认为伤害可能发生，他们认为自己和他人都会受到影响，不存在明显的差别。尽管受访者能够识别出媒体的负面内容，但此项研究中并没有出现自我-他人感知差异。

信息负面性的测量具有一定的难度，由于话题的差异性和样本代表性的问题，实验和调查研究的结果偏差较大。Eveland 和 McLeod（1999）设计的实验测试了四首说唱音乐的歌词，分别是暴力、反暴力、贬低女性、支持女性的内容，研究人员要求大学生根据歌词是正面的还是负面的来评价。参与者认为负面的信息对他人的影响远远大于他们自己，负面性的认知越强，第三人感知更显著。在网络媒体出现之后，学者们对于网络议题的负面性进行了测量，如 Lim（2017）以及 Yang 和 Horning（2020）对于假新闻和整容广告的负面性做出了测量，同样揭示了信息的负面属性对于第三人认知强度的影响。随着媒介技术的发展，受众的关注点变得越来越宽泛，研究中需要对于受众的前期媒体信息接触经验、个人背景差异作更精细的操控，否则得出的结论很难具有推广的意义。

信息的正面性或负面性可能并不是影响第三人效应的唯一因素，其他因素，如来源的可信度、内容的透明度、信息的复杂性和受众的媒介素养，也可能对第三人效应产生影响。信息的可信度指发布方是否具有权威性，这可能是源自信源的口碑和影响力，或信息内容本身的专业性、相关性（Wei et al.，2010）。如果认为某个信息来源不可信，人们可能认为此类信息具有负面的传播动机，容易产生负面的社会影响，从而产生更强的第三人效应（Banning & Sweetser，2007）。

信息内容的透明度指的是信息是否清晰、准确、完整地传达了相关信息（Williams，2015）。如果信息内容不透明或存在歧义，受众可能会感到不确定，被遮掩的部分往往被认为是具有恶意的，第三人效应会显著增强。信息的复杂性也是一个重要因素，一些信息涉及专业词语，需要专业的知识和技能才能理解。无论受众对话题参与的高与低，不透明的信息通常会给受众留下负面的印象，第三人效应可能会增强。

受众的媒介素养也是影响第三人效应的因素之一。媒介素养是指人们对于媒介信息的获取、分析、评价和传播的能力，以及利用媒介信息促进个人发展的能力（Potter，2010）。在信息化社会中，媒介素养已经成为人们必备的素质之一，对于人们的生活、工作和学习都具有重要意义。媒介素养的核心是批判性思维，对于媒介信息的批判性解读，可以帮助人们识别信息的真实性和可信度，理解信息的意义和价值（Livingstone，2004）。媒介素养较高的人会更准确地理解信息，不容易受到其他人的影响，并认为其他人不具备与自己相同的能力。较高的媒介素养可能会强化第三人认知。

正面信息与第一人效应

信息的正面性与亲社会属性会降低第三人效应，甚至是导致第一人效应。正面的媒体信息传递符合社会预期的知识，传播正向积极的行为。基于自我提升理论以及自我失调理论，人们会迎合正面的信息，提升自尊感。与此同时，人们仍然会差异化地理解自我和他人，认为相比于自己，他人接受积极行为的效果更差。第一人效应与自我中心思维和社交互动需要密切相关，人们在处理信息时，往往会从自己的角度出发，将自身作为参照点，对信息进行解读和评价。人们也需要通过社交互动来展示自己的独特性和差异性，以满足自我实现的需要。收看到健身、健康饮食、规律作息等媒体信息时，即使自身并没有规律生活的习惯，人们仍然倾向于自己会首先做出改变（Cho & Boster，2008；Wei et al.，2021）。例如，Duck（1995）研究了受访者对有关安全性行为的媒体信息的反应，研究结果呈现出明显的第一人称效应，即阅读相关的信息会增强个人对于性行为的防护意识。

人类具有自我中心思维的特点，往往认为自己具有独特的观点和行为方式，不容易受到外部信息的影响（Frith & De Vignemont，2005）。这种信息处理方式导致了人们认为自己比其他人更能够理解、分析和评价媒介信息，从而接纳正面的行为引导(Von Hippel et al.,2005)。在解读媒介信息过程中，这种思维导致了人们认为自己比其他人更好地接收到正面信息的影响。个人的经历和背景也会导致第一人效应的产生，例如，具有丰富经验和高度敏感性的人可能更容易察觉到信息中的潜在机遇，因此更容易产生第一人效应。

人具有社交互动的需求，需要通过与他人的互动来展示自己的独特性。在社交互动中，人们倾向于将自己描述成不同于其他人的个体，正向、积极的理念是自身魅力的组成部分(Zhang et al.,2018)。自我中心倾向使个体在思考问题时主要从自己的角度出发，难以准确理解他人的感受。在与他人互动时，人们可能会认为自己的行为或外貌受到他人更多的关注，而实际上并非如此。人们会更关注与自己观点一致的信息，而质疑与自己观点不一致的信息。这些认知倾向都强化了第一人效应。

第一人效应的应用广泛存在于广告、营销、政治宣传和社交媒体等领域。利用第一人效应可以增强传播效果，提高受众的参与度和认同感。在广告和营销领域，通过强调产品的个性化、独特性和唯一性等元素，塑造出一种只有少数人才能拥有的优越感，可以吸引潜在客户购买(Mafael et al.,2021)。例如，一些高端化妆品牌在广告中展示明星或模特使用其产品后的效果，并强调只有该品牌的产品才能达到这样的效果，从而引发潜在客户的购买欲望。当一个健康公益广告推广某种新的饮食方式时，观众会认为这些建议对自己特别有用，而其他人可能不会受益。在政治宣传领域，通过强调候选人的独特影响力，可以让支持者感到自己是不同于其他人的个体，增加他们的参与度和认同感(Van Steenburg,2015)。候选人在选举期间会强调他们的政策对社会的益处，如增加就业机会、提高教育水平等，以吸引选民的支持。在社交媒体中，利用第一人效应，通过用户生成内容(UGC)和社交互动可以吸引用户参与。例如，一些社交媒体平台鼓励用户分享自己的故事、经历和观点，并强调这些内容会对其他人产生价值。这种策略可以让用户感到自己是独特的，他们的声音和观点是受到重视的，增加他们的参与度(Chua & Chang,2016)。

巴纳姆效应为第一人效应现象的出现提供了一种心理学解释。巴纳姆效应是指人们有倾向性地认为一般、模糊或通常适用于大多数人的描述是专门针对自己的(Dickson & Kelly,1985)。尽管这些描述是很宽泛的，但人们会认为它们非常准确地描述了自己的性格和经验。巴纳姆(Phineas Barnum)是19世纪美国的一位娱乐大亨，他是著名的"巴纳姆与贝利马戏团"(Barnum & Bailey Circus)的创办人，也是美国娱乐戏剧、会展、博物馆等行业的早期实践者。巴纳姆非常了解公众的需求和他们的好奇心，善于利用媒体来进行商业营销，在他的眼中，大众是容易被满足和欺骗的。由于巴纳姆对于受众心理的透彻理解，善于利用大众和操纵受众心理，心理学家福勒将这种心理学现象命名为巴纳姆效应。

福勒(Bertram Forer)在 1948 年进行了一项实验，目的是研究个体对于泛化个性描述的接受度。在实验中，福勒让他的学生们参与了一项名为"个性评估"的测验(Forer，1949)，完成测验后的一周，每位学生都收到了一份所谓基于他们测验结果的"个性分析报告"。但实际上，不论学生们的答案如何，所有人收到的报告内容都是相同的，这份报告其实是福勒从各种星座预测中摘取并结合起来的描述。报告中的描述都是模糊且泛化的，例如："你有时内向，有时外向，不自夸，但表现出很强的自尊心"，或是"你有未实现的潜能，还没有将你的能力发挥到最大"。尽管这些描述非常普遍并且模糊，学生们的反应却令人惊讶：当被要求对报告的准确性进行评分时，学生们普遍认为这份报告对自己的描述非常准确，他们的平均评分为 4.26(5 为"非常准确"，0 为"非常不准确")。这个实验揭示了一个有趣的心理现象，即人们容易被模糊的描述所吸引，并认为这些描述非常准确地描绘了自己。

巴纳姆效应在市场营销与广告中有着广泛的应用。了解目标客户是如何看待自己的，以及他们如何解读广告信息，对广告商和营销人员来说是非常有价值的。一些广告并不是直接针对特定的人群，而是试图吸引尽可能多的受众。使用泛化的、模糊的、似乎是为受众量身定做的信息，是一种常见的策略(Furnham，2004)。例如，一则广告可能会有如下的表述："那些真正懂得生活的人会认可我们的产品"，这样的信息会吸引很多人。通过强调某个产品或服务能够改善消费者的自尊和自我形象，广告可以吸引更多的消费者。例如，广告中可能会有这样的信息："为真正有品味的人设计"，这让消费者觉得如果他们购买了这个产品，审美情趣会得到认可。当消费者面临众多的选择时，他们可能会感到不知所措，一个看似为他们量身定做的、具有普遍吸引力的产品描述可能会使他们更容易做出决策。广告中的语言和图像，如果能够与大多数消费者的日常生活和经验相联系，就更可能吸引他们。例如，广告中描绘一个家庭在公园漫步的日常场景，会让许多消费者感到品牌与自己的生活有很强的联系。强调"每个人都在使用"可以让消费者感到，如果他们不使用某个产品或服务，就可能会与时代脱节。尽管巴纳姆效应强调了泛化的信息的吸引力，随着技术的发展，个性化广告也变得越来越流行，这些广告基于消费者的浏览历史、购买记录等数据来定制,变得更加具有针对性。

第一人效应除了商业营销中的广泛运用外,对于社会公益、教育具有重要的意义。例如在健康传播中,特别是在促进个体健康行为的项目中,将信息与受众个体的实际生活经验和需求相结合至关重要。第一人效应提供了一种策略,使信息更为引人注目,促进有效的健康沟通。人们更容易关注、处理、记住和采纳与自己经验和生活情境相关的信息,这就是为什么个性化的信息传播策略如此重要。例如,为中年妇女提供特定的关于乳腺癌风险和检查的信息会比提供通用的癌症预防信息更为有效。故事性叙述是第一人效应的另一个关键策略,当人们听到与他们相似的人的真实故事,尤其是这些故事涉及与自己相关的健康挑战时,他们更容易与内容产生共鸣。当一位糖尿病患者分享他如何通过饮食和锻炼来控制病情时,这样的故事可能会激发其他患者的行动。

媒介信息偏好与认知偏见

媒介对于塑造人们对世界的看法有着重要的作用,尤其是对于大部分人没有直接经验的议题。媒介已被证实是形成和巩固刻板印象的关键因素,导致人们在理解媒介信息时容易受到认知偏见的影响。这种看法往往是基于某些特点或行为而忽略了个体差异。电影和电视剧经常采用简化的角色设定,使故事更具吸引力。例如,很长一段时间,在美国电视和电影中的亚洲人角色经常被描绘为书呆子(Huynh & Woo,2014);拉丁裔往往被描写成蓝领工人(Tukachinsky et al.,2017);而非洲裔则可能被描绘为穷人或犯罪者(Guerrero,2013)。研究表明,当下社交媒体上的内容虽然多由用户生产,但同样会包含刻板印象的倾向(Bracciale et al.,2021)。

媒介中形成的刻板印象会影响受众对于信息的理解和选择偏好,选择性的媒介接触会进一步强化偏见的认知,强化第三人效应。例如家长普遍对于电子游戏呈负面态度,认为其会影响孩子的学习,暴力元素会给孩子带来负面的影响。家长们会更加关注有关电子游戏负面影响的新闻报道,并试图找到更多证据来证明它的有害性。在这个过程中,选择性知觉的作用尤为明显,导致人们会更加关注相关的负面维度,而忽视或淡化正面或中立的信息。诸多研究表明,这种选择性的认知过程会进一步加强第三人感知(Scharrer & Leone,2008;Li,Du & Gao,2020)。由于人们认为那些缺乏判断能力、学历低的人会受到负面的影响,具有高第三人感知的人更可能支持针对媒体内容的审查或限制,认为这对保护社会大众利益是必要的。第三人效应也可能加强选择性知觉,当人们认为其他人容易受到某些媒体内容的影响时,他们可能更加关注这些内容,试图找到证据来支持他们的观点,从而强化了认知偏见。

随着网络技术的发展,尤其是算法推荐技术的出现,用户的信息选择性知觉得到了进一步的强化。信息茧房是一个有趣的比喻,描述了当人们在网络环境中只接触与其既有观点一致的信息,而排斥或无视其他观点与内容的倾向。信息茧房阻碍个体信息的全面发展,阻断观点的自由交流,形成所谓"回声室"(Echo Chamber)效应,并导致群体极化(Yuan & Wang, 2022)。这种状态主要由两种因素造成:一是现代搜索引擎和社交媒体平台的个性化推荐算法;二是人们自己对信息的选择性接触。长时间身处信息茧房中,由于缺乏多样性的观点和信息,人们可能更加坚定地相信自己的观点是正确的,态度可能会变得更加极端(Wan & Thompson, 2022)。当大部分人都身处各自的信息茧房中,社会上的公共对话和讨论可能会变得更加困难,不同观点的人很难达成共识。由于缺乏对其他群体的深入了解,人们可能会基于自己的刻板印象和偏见来评价其他群体,导致矛盾的加剧和冲突的发生(Lin & Tsai, 2022)。信息茧房可能导致社会上的各个群体之间的差异和分歧进一步加大,加剧社会的碎片化。

在信息茧房中,人们常常接触到的是与自己观点一致的信息。因此,当他们看到与自己观点不符的内容,他们可能会高估这种内容对其他人的影响。由于第三人效应,人们可能会采取行动,如支持某些内容的审查或限制。这种行为可能在一个信息茧房的环境中得到加强,因为人们经常与有相似观点的人互动,从而更加坚定自己的看法。

信息可信度

在一个每天都被大量信息包围的时代,信息的可信度成为判断其有效性和影响力的关键因素。无论是商业广告、新闻报道,还是社交媒体上的分享,信息的可信度都对接收者的态度、情感和行为产生影响,也和第三人效应有紧密的联系。当受众认为信息来源是可靠和有权威的,他们更容易认同这些信息。例如,来自知名医学机构发布的健康建议通常被视为更加可靠,因此更容易被公众接受和遵循(Jenkins et al.，2020)。高可信度的信息更容易被分享和传播，人们更愿意分享他们认为可靠和有价值的内容，从而使这些信息更迅速、广泛地传播。可信的信息更有可能促使受众采纳某种行为或改变现有行为，例如权威的健康风险提示可能会让人们减少不健康的生活习惯，而来自权威机构的产品推荐可能会增加销售额。当信息被视为重要和可靠时，它更容易在受众的记忆中留存，从而在未来的决策和行为中发挥作用。无论是政治参与、社区活动还是其他形式的集体行动，当信息来源被视为可靠时，人们更有可能参与其中。可信的信息更容易激发受众的情感反应，引起更强烈的同情。

信源的可信度对于第三人效应的影响是复杂的。当信息来源被认为是高度可信的，如专家、医生、学者等通常被认为具有较高的社会地位，他们的观点表达也是符合社会期望的，这类信息有可能降低第三人效应，或者导致第一人认知的出现。例如新冠疫情期间，来自医学专家的建议更可能被受众所接受。如果信息来源被质疑或认为不可信，人们会倾向于认为此类信息具有误导性，因此出现较强的第三人认知倾向。需要指出的是，信息可信度和第三人认知的相关性还缺乏实证研究的证实。人们对于不同媒体来源的信任度也可能随着时间的推移而改变，例如，有研究发现人们对于网络博客和传统媒体的信任度没有显著差异(Wei，Lo & Lu，2010)。

新闻与第三人效应

新闻媒体无处不在，是我们每天接触的资讯的主要来源，以至于我们可能不会考虑它对自己可能产生的影响。新闻中负面消息居多，这是因为负面新闻通常与人们的生命、财产、安全等因素密切相关，具有更强的情感性和争议性(Baumgartner & Bonafont，2015)。一起严重的交通事故或者重大食品安全事件会立即引起人们的广泛关注，而一些正面的新闻事件，如某公司的业绩创新高，可能不会像负面新闻那样引起人们更大的兴趣。媒体为了吸引更多的读者和观众，会选择报道更具吸引力、更能引起人们关注的负面新闻事件(Melnyk et al.，2023)。在竞争激烈的媒体市场中，只有更吸引人的新闻才能赢得更多的读者和观众，从而获得更多的广告收入。一些媒体甚至会刻意引导和炒作负面新闻，以此提高关注度和曝光率。随着社会的发展，人口增加、城市化、工业化等因素导致社会的复杂性和不确定性增加，同时也会带来更多的社会问题和矛盾。这些问题和矛盾反映在新闻报道中,就形成了大量的负面新闻(Hanson,2002)。随着互联网的普及,信息传播的速度和范围都大大加快了,这使得负面新闻能够更快地传播和扩散,即使负面事件没有增多,我们也会感觉到越来越多的危机事件(Hornik et al.,2015)。

政治新闻受众中的第三人效应在理论提出的早期即受到了学者的关注。尽管它们在传播政治信息和推动公众参与方面有着积极作用,负面影响也是不可忽视的。在竞争激烈的政治环境中,新闻和政治广告的真实性和准确性尤为重要。然而,为了吸引眼球、增加点击率或强化立场,某些新闻可能选择歪曲事实、夸大其词或传播错误信息(Tandoc et al.,2021)。为了在信息饱和的环境中脱颖而出,新闻机构可能会选择更为戏剧化、情感化的方式来呈现事实,使其看起来更为引人注目。这种策略可能会使政治新闻更受欢迎,但也会损害其准确性和公正性,为了迎合特定的观众群体或政治立场,新闻或政治广告可能会选择性地突出或忽略某些信息(Johnston & Kaid,2002)。这种有偏见的报道会强化观众的现有观点,进一步加深社会的分歧和偏见,使得选民在没有充分了解事实的情况下做出决策。为了吸引观众,政治广告和新闻报道往往会集中在情绪化的话题上,而忽视了长期性的议题(Barreto et al.,2011),导致公众的视野被局限。

新闻媒体为我们提供了一个观察世界的视角,让我们能够获取各种信息。然而,不同的新闻媒体有差异化的立场和观点,因此很难说新闻媒体的内容本身是正面的还是负面的。在大多数研究中,采用某种形式的负面故事作为刺激物,例如假新闻、虚假传播,或者政治诱导性的报道等负面新闻事件时,受众呈现出明显的第三人效应,并表达出对于该类新闻社会影响的担忧(Lyons,2022;Jang & Kim,2018)。新闻对于第三人认知的影响需要基于对于信息属性的判定为前提,如果新闻报道没有过多的情感色彩,那么第三人效应可能不会出现。通常负面的、虚假的新闻可能出现明显的第三人效应,社会事件的性质和影响力也会影响认知偏见的产生。需要指出的是,受众的观点并非总是可以清晰界定的,即使在同一个国家内,不同地区、不同行业的人们对于某些问题的关注度也会存在差异。第三人效应还受到文化背景的影响:在某些文化中,人们可能更倾向于相信权威和专家的话,对于官方媒体的报道更加信任;而在另一些文化中,人们可能更加注重个人经验和独立思考,对于信息的判断更多基于自身观点和感受。

媒介暴力信息

第三人效应最常讨论的话题之一是媒介上的暴力内容对于受众的影响。媒介暴力信息是指通过各种媒体渠道传播的、描绘暴力行为的信息，这种信息在电影、电视节目、新闻报道、音乐、游戏中较为常见。

班杜拉玩偶实验

对于媒介暴力信息的影响，不得不提到一位学者——他就是社会学习理论的创始人之一阿尔伯特·班杜拉（Albert Bandura），他的玩偶实验是最早有关暴力视频对于低龄孩童暴力倾向影响的实验。班杜拉的团队在一个儿童实验室内设置了一个特别的实验环节，被试儿童们被引入了一个特定的游戏场景，其中展示了两组不同的成人行为（Graham & Arshad-Ayaz, 2016）。一组成人演员展示了攻击性行为，而另一组演员则展示了非攻击性行为。在观察了这些模型的行为之后，儿童们被引导进入一个新的房间，观察他们是否会模仿先前所观察到的行为。实验者之前预测会有以下几种情况发生：那些观察到模型展示攻击行为的儿童，即使在没有模型在场的情况下，也会表现出攻击性行为。观察到非攻击性行为模型的儿童，相比另一组观察攻击性行为模型的儿童，表现出攻击性行为倾向会更小。儿童模仿同性行为比模仿异性行为要更多，男孩的攻击性行为要比女孩强。

在斯坦福大学的儿童实验室中，共有 36 位男孩和 36 位女孩参与了实验，年龄在 3～6 岁之间，平均年龄为 4 岁零 4 个月。这些孩子被平分为 8 个实验组，其中 24 位孩子被安排在实验对照组，其余的孩子被分为两组，每组 24 人。其中一组孩子观察展示攻击性行为的模型，而另外 24 位孩子则观察展示非攻击性行为。之后，孩子们被分为男孩和女孩两组，每组中有一半观察过同性演员，另一半观察过异性演员。在实验开始之前，实验者对孩子们的攻击性行为进行了评估，确保每个实验组中的孩子的攻击性倾向大致相同。

孩子们首先进入一个游戏室，在这里他们可以看到成人演员展示出不同的行为。实验者将一个成人演员带入房间，并让其在凳子上坐下，与孩子们互动。在非攻击性行为的一组中，孩子们在整个过程中只是简单地摆弄玩具，完全忽视了玩偶。而在攻击性行为的一组中，演员对玩偶进行了猛烈的攻击。

成人演员将波波玩偶放倒在地上，骑在上面，猛击它的鼻子，猛烈地在空中摔打玩偶，在房间内把它踢来踢去。除了对玩偶身体的攻击之外，成人演员还有攻击性的语言。

10分钟后，孩子们被带进另一个房间，这里摆放着一些吸引人的玩具，包括一套洋娃娃、消防车模型和飞机模型等。而后，每个孩子都被带进最后一个实验室。这个房间里有几样"攻击性"玩具，包括一把锤子、一个用链子吊起来的球、球面涂成脸庞形状的玩具以及标枪。房间中也有一些非攻击性的玩具，包括蜡笔、纸张、洋娃娃、塑料动物和卡车模型。孩子们在这个房间自由玩耍20分钟，实验的评价人从镜子后面观察每个孩子的行为，并记录下每个孩子攻击性行为的等级。

该实验的结果证实了班杜拉的一些预言。观察暴力行为的一组孩子倾向于模仿他们所看到的暴力行为；观察非暴力行为的一组孩子中，其展现出的攻击倾向比对照组低，其中观察异性演员的男孩的攻击行为稍多。无论参演的演员是同性还是异性，性别差异都很重要，男孩的攻击性比女孩强。

费斯巴哈 & 辛格实验

媒体暴力信息的影响是复杂的，除了班杜拉实验外，也有研究发现与班杜拉相左。其中最著名的是西摩·费斯巴哈（Seymour Feshbach）与罗伯特·辛格（Robert Singer）在1971年的实验是探讨暴力电视对观众行为的影响的经典研究。实验对象选取的是寄宿学校里的9到15岁的男生，被随机分为两组——暴力组和非暴力组。暴力组的男孩每周至少观看2小时的暴力电视节目，另一组男孩则观看非暴力的电视节目。在实验进行的6周时间内，研究人员对男孩们的行为进行了记录和观察。费斯巴哈和辛格发现，与暴力组相比，非暴力组的男孩表现出了更高的攻击性（Eron et al. ，1972）。

费斯巴哈据此提出了排解发泄理论。这一理论的基础是，观看暴力节目可以为观众提供一种宣泄的途径，从而减少现实中的攻击行为。这种宣泄可能只是短暂的，长期来看，暴力媒体的消费可能会降低观众对暴力的敏感性，从而增加他们的攻击倾向。现有的实验数据的收集通常是在实验对象接触暴力影视或游戏后不久进行的，没有证据表明媒体暴力对人们的暴力行为有持续的影响。考虑到实验证据的不一致性，我们暂时无法得出两者之间的明确结论。

暴力信息与第三人效应

第三人效应研究在媒介暴力信息的研究中具有显著的意义,因为它不仅影响个体对媒体内容的判断和消费行为,还直接关系到公共政策的制定和社会对青少年等易受影响群体的保护。暴力元素是媒体中经常出现的主题之一,人们往往认为这类信息对他人(尤其是年轻人)的影响要大于对自己产生的影响(Hoffner & Buchanan,2002)。父母可能会担心暴力电视节目或电子游戏对他们的孩子产生负面效应,从而支持对此类信息的限制和审核(Hoffner et al.,1999;Wan & Youn,2004)。

如果一个人经常观看暴力内容,自己并没有明显的暴力行为,人们可能不愿意相信这些内容对自己有不良影响。但人们仍然可能会推断,长期观看暴力媒体信息对其他人会产生影响。年长群体可能会对低龄群体产生偏见,尽管父母在年轻时可能沉迷于电子游戏,并且并未影响个人自身的发展;但看到自己的孩子玩游戏时,家长仍然可能担心游戏的负面影响,认为孩子的自控力不足,无法抵御其负面影响(Wallenius & Punamäki,2008)。实际上家长的这种担忧可能是多余的,有研究表明,青少年认为自己可以控制游戏的时间,抵御游戏的负面影响(Scharrer & Leone,2008)。当某部含有暴力内容的电视节目产生争议时,尽管很多人仍然选择去观看,并且认为自己没有受到负面影响,他们仍可能支持对相关节目的限制,因为他们担心其对他人产生不良影响(Hoffner et al.,1999)。这种偏见不仅影响个体的日常决策,还可能影响更广泛的媒介公共政策和法律制定。

媒介色情信息

随着科技的发展,互联网上出现了各种类型的色情信息。这些信息会对公众产生不良影响,尤其是对青少年群体。人们往往高估色情信息对其他人的影响,而低估对自己产生的影响。这种认知偏差会导致人们对于自己接触色情信息的后果产生错误的判断,进而产生不良行为。当一个人接触到色情信息时,通常会认为色情信息只会对他人带来危害,尤其是那些思想不成熟或者缺乏自制力的人(Skorska et al.,2018)。这种认知可能是因为色情信息往往被视为不道德、不健康的内容,人们更愿意将负面影响与他人联系在一起。例如,针对成年人的研究发现,人们认为观看色情片会导致青少年对性持不健康的态度，从而增加他们参与危险性行为的风险（Peter & Valkenburg，2016；Owens et al.，2012）。这种观点存在严重偏差，因为青少年对性的态度和行为受到多种因素的影响，而色情信息只是其中之一。

社会文化和价值观在塑造个体对色情信息态度方面起到了重要作用。在某些文化中，性被认为是神圣的，应当在特定情境，如婚姻关系中才可以谈论。在这种背景下，色情信息可能被视为亵渎或不道德的，这导致了许多深受宗教影响的人对色情持有明确的负面观点（Dialmy，2010）。性教育在不同文化和社会中有着不同的实践和观念。在开放的文化环境中，性教育可能更为全面，讨论诸如身体健康、性关系等话题，这使得人们更能够明确区分现实与色情的差异（Ahrold & Meston，2010）。然而，在某些文化中，性教育受到限制或被视为禁忌，导致人们基于不完整或误导性的信息形成对色情的看法。基于社会价值，色情内容被认为强化了社会的性别刻板印象，挑战了固有的性别期望（Fritz et al.，2021）。

媒介色情信息在现代社会中是一个容易引起争议的话题。从积极的方面来看，色情信息是人们获取性知识的渠道，尤其在那些偏于性保守的文化和社会中，公开讨论性仍被视为禁忌（Schussler，2012；Kohut et al.，2016）。媒介色情信息为那些可能因其性取向而受到歧视的人，提供了一个隐秘的、不受批判的空间。色情信息也带来了许多负面后果，由于其过度戏剧化的展现，可能导致观众对真实的性关系产生扭曲的认知（Hesse & Pedersen，2017）。色情信息会强化性别刻板印象和物化的观念，传统的、男性为主导的色情，经常通过其内容和展示方式对女性进行物化，暗示女性的价值主要在于她们的外貌和性吸引力（Willis et al.，2022）。这种物化倾向可能增加性暴力和性骚扰的风险，当女性被物化时，可能导致施害行为的发生（Attwood，2004；Vandenbosch & Van Oosten，2017）。有研究表明，在性犯罪的男性中，大部分人均有观看色情信息的习惯（Bergen & Bogle，2000）。更为严重的是，与其他媒体形式一样，过度消费色情可能导致成瘾，对个体的生活、工作和人际关系产生严重影响。过度观看色情内容可能会导致情感疏远、自我价值的下降，以及在现实生活中对性的满足度下降（Short et al.，2016）。某些色情内容可能涉及非法或不道德的行为，对社会造成伤害。

在考查色情内容及其影响时，第三人效应可能导致公众支持更严格的审查和限制措施。即使某些人认为自己不会受到色情信息的负面影响，他们也可能会担心弱势群体，尤其是青少年会受到不良信息的误导（Cole，2014；Zhao

& Cai，2008；Droubay et al.，2021）。这种担忧强化了支持色情审查的意愿，从而推动更严格的法规和政策制定。

广告效果的差异化感知

政治广告研究中的第三人效应是一个复杂而有趣的话题。政治广告是政治宣传的一种重要形式，旨在影响选民的态度和行为。在美国社会，大选期间针对竞选方的攻击或推广自己的执政理念是常见的政治广告形态。政治广告的传播方式和内容越来越多样化，包括电视广告、网络广告、社交媒体广告等。政治广告的影响力是难以预测的，因为它不仅受到广告内容、传播渠道等因素的影响，还受到公众的认知、社会文化背景等因素的影响。

在政治广告的研究中，第三人效应表现为公众认为政治广告对其他人影响更大，而对自己的影响较小。这种认知偏差可能是因为政治广告往往被视为具有争议性，人们更经常将其与对他人的错误引导联系在一起。研究表明，第三人效应在政治广告中是非常明显的（Rucinski & Salmon，1990），这种现象可能源于公众对政治广告的负面看法和与他人的距离感。也有研究得到了不同的结论，政治广告中的第三人效应并非总是显著的（Lambe & McLeod，2005），可能是因为政治广告的影响因个体背景、广告内容、传播渠道等因素而异。需要指出的是，部分广告是没有政治立场的，例如针对公共服务的公告，研究发现此类通告信息中不存在自我—他人之间的感知差异（Gunther & Thorson，1992）。

在公益广告中，受众更多呈现出第一人效应。这是因为公益广告通常倡导的是符合公众社会预期的行为，比如禁烟、禁毒、公益慈善、关爱弱势群体等，这些信息更易引起公众的共鸣和认同（Cho & Boster，2008）。公益广告通常传递的信息是符合社会主流思潮、道德准则和价值观的，更容易产生第一人效应，即受众认为这些信息对自己影响更大。公益广告以情感为基础，通过触动受众的情感，激发他们的共鸣和行动（Biener et al.，2004），情感化的传播方式更容易引起受众的关注和认同，从而产生第一人效应。例如，看到弱势群体的困境，很多人会感同身受，从而采取行动去帮助弱势群体（Lim et al.，2020）。

名人代言是商业广告的一种形式，它利用名人的知名度和影响力来吸引消费者，从而促进产品的销售。在名人代言的广告中，明星扮演着"意见领袖"

的角色,他们通过自己的形象、言语和行为来传递产品的价值,影响消费者的购买意愿(Majeed et al.,2017)。名人通常拥有一定的知名度和粉丝群体,他们的话语和形象具有吸引力,消费者可能会将对名人的好感转移到对产品的认知和购买意愿上(Chan & Fan,2022)。消费者往往认为,如果某名人愿意为某个产品代言,那么这个产品一定是有价值和优势的(Ferguson & Mohan,2020)。名人的形象和品牌形象之间的匹配程度会影响消费者购买意愿,如果名人的形象与品牌形象相符合,消费者就更容易产生购买意愿。名人与产品之间的情感联系也会影响消费者购买意愿,如果名人代言的产品与消费者产生了情感共鸣,消费者就更容易产生购买意愿(Meng et al.,2021;Saleem,2007;Lou & Yuan,2019)。商业广告正是利用名人的正面形象赢得受众的支持,并通过第一人效应增加消费者的购买动机。

　　除了传统的商业广告之外,价值营销是一种旨在重视并优化提供给消费者的价值的现代营销策略。它强调提供优质的产品和服务,以及超出消费者期望的额外价值,以吸引和保留客户。这种策略的核心是消费者,企业需要深入了解消费者的需求、愿望和预期,以便更好地为他们提供服务(Kotler et al.,2019)。价值营销的目标是建立长期的客户关系,而不仅是促成一次交易。为了实现这一目标,企业需要提供优质的产品和服务,并创造出消费者能够感知的额外价值,从而培养消费者的忠诚度,并确保消费者在未来继续选择同一品牌(Payne et al.,2017)。在商业广告中,企业可以利用第一人效应来强化其价值营销的效果。企业通过广告展示使观众获得收益和满足感,将该产品或服务与高价值联系起来,从而更加重视和信任该品牌。通过这种方式,企业可以在广告中成功地传达其产品的价值和优势,广告可以通过展示品牌的历史、传统和文化,提升品牌在消费者心目中的形象和地位,让消费者更加忠诚于该品牌(Maity & Gupta,2016)。现代的价值营销也越来越关注与消费者共同创造价值,企业可以邀请消费者参与产品设计、提供反馈或与品牌进行更深层次的互动,与消费者共同创造价值(Albinsson et al.,2016)。这可以提高消费者的参与感,为企业提供更深入的了解消费者需求的机会。无论是注重功能性的广告,还是偏向于价值营销的广告,第一人效应都是营销主体的重要心理依据。

本章小结

第三人效应在不同类型的信息中表现出不同的特点。对于负面信息,人们往往高估这些信息对他人的影响,而低估对自己的影响,这是典型的第三人效应。相反,对于正面信息,人们可能更倾向于认为这些信息对自己的影响大于对他人,即第一人效应。信息的偏好和信源的可信度也会导致认知偏见的产生。在新闻、媒介暴力信息、色情信息中,第三人效应也较为常见。在广告的传播中,企业多利用第一人效应来促进产品的营销。综上,不同类型的信息特质在第三人效应中呈现出差异化的特点和强度。

● **本章参考文献** ···

Ahrold, T. K. & Meston, C. M. (2010). Ethnic differences in sexual attitudes of US college students: Gender, acculturation, and religiosity factors. *Archives of Sexual Behavior*, 39, 190-202.

Albinsson, P. A., Perera, B. Y. & Sautter, P. T. (2016). DART scale development: diagnosing a firm's readiness for strategic value co-creation. *Journal of Marketing Theory and Practice*, 24(1), 42-58.

Attwood, F. (2004). Pornography and objectification. *Feminist Media Studies*, 4(1), 7-19.

Banning, S. A. & Sweetser, K. D. (2007). How much do they think it affects them and whom do they believe? Comparing the third-person effect and credibility of blogs and traditional media. *Communication Quarterly*, 55 (4), 451-466.

Barreto, M. A., Merolla, J. & Soto, V. D. (2011). Multiple dimensions of mobilization: The effect of direct contact and political ads on Latino turnout in the 2000 presidential election. *Journal of Political Marketing*, 10(4), 303-327.

Baumgartner, F. R. & Bonafont, L. (2015). All news is bad news: Newspaper coverage of political parties in Spain. *Political Communication*, 32(2), 268-291.

Bergen, R. K. & Bogle, K. A. (2000). Exploring the connection between pornography and sexual violence. *Violence and Victims*, 15(3), 227-234.

Biener, L., Ji, M., Gilpin, E. A. & Albers, A. B. (2004). The impact of emotional tone, message, and broadcast parameters in youth anti-smoking advertisements. *Journal of Health Communication*, 9(3), 259-274.

Bracciale, R., Andretta, M. & Martella, A. (2021). Does populism go viral? How Italian leaders engage citizens through social media. *Information, Communication & Society*, 24(10), 1477-1494.

Brosius, H. B. & Engel, D. (1996). The causes of third-person effects: Unrealistic optimism, impersonal impact, or generalized negative attitudes toward media influence? *International Journal of Public Opinion Research*, 8, 142-162.

Chan, K. & Fan, F. (2022). Perception of advertisements with celebrity endorsement among mature consumers. *Journal of Marketing Communications*, 28(2), 115-131.

Cheong, Y., De Gregorio, F. & Kim, K. (2014). Advertising spending efficiency among top US advertisers from 1985 to 2012: Overspending or smart managing? *Journal of Advertising*, 43(4), 344-358.

Cho, H. & Boster, F. J. (2008). First and third person perceptions on anti-drug ads among adolescents. *Communication Research*, 35(2), 169-189.

Chua, T. H. H. & Chang, L. (2016). Follow me and like my beautiful selfies: Singapore teenage girls' engagement in self-presentation and peer comparison on social media. *Computers in Human Behavior*, 55, 190-197.

Cole, K. L. (2014). Pornography, censorship, and public sex: exploring feminist and queer perspectives of (public) pornography through the case of Pornotopia. *Porn Studies*, 1(3), 227-241.

Dialmy, A. (2010). Sexuality and Islam. *The European Journal of Contraception & Reproductive Health Care*, 15(3), 160-168.

Dickson, D. H. & Kelly, I. W. (1985). The Barnum Effect in personality assessment: A review of the literature. *Psychological Reports*, 57(2), 367-382.

Dixon, T. L. & Maddox, K. B. (2005). Skin tone, crime news, and social reality judgments: Priming the stereotype of the dark and dangerous black criminal. *Journal of Applied Social Psychology*, 35(8), 1555-1570.

Droubay, B. A., Butters, R. P. & Shafer, K. (2021). The pornography debate: Religiosity and support for censorship. *Journal of Religion and Health*, 60, 1652-1667.

Duck, J. M. & Mullin, B. (1995). The perceived impact of the mass media: Reconsidering the third-person effect. *European Journal of Social Psychology*, 25, 77-93.

Duck, J. M., Terry, D. J. & Hogg, M. A. (1995). The perceived influence of AIDS advertising: Third-person effects in the context of positive media content. *Basic and Applied Social Psychology*, 17, 305-325.

Eisend, M. (2017). The third-person effect in advertising: A meta-analysis. *Journal of Advertising*, 46(3), 377-394.

Eron, L. D., Huesmann, L. R., Lefkowitz, M. M. & Walder, L. O. (1972). Does television violence cause aggression? *American Psychologist*, 27(4), 253.

Eveland, W. P., Jr. & McLeod, D. M. (1999). The effect of social desirability on perceived media impact: Implications for third-person perceptions. *International Journal of Public Opinion Research*, 11, 315-333.

Ferguson, J. L. & Mohan, M. (2020). Use of celebrity and non-celebrity persons in B2B advertisements: Effects on attention, recall, and hedonic and utilitarian attitudes. *Industrial Marketing Management*, 89, 594-604.

Forer, B. R. (1949). The fallacy of personal validation: A classroom demonstration of gullibility. *The Journal of Abnormal and Social Psychology*, 44(1), 118.

Frith, U. & De Vignemont, F. (2005). Egocentrism, allocentrism, and Asperger syndrome. *Consciousness and Cognition*, 14(4), 719-738.

Fritz, N., Malic, V., Paul, B. & Zhou, Y. (2021). Worse than objects: The depiction of black women and men and their sexual relationship in pornography. *Gender Issues*, 38, 100-120.

Furnham, A. (2004). Barnum in business. *Management and Myths: Challenging business fads, fallacies and fashions*, 26-28.

Graham, P. & Arshad-Ayaz, A. (2016). Learned unsustainability: Bandura's Bobo doll revisited. *Journal of Education for Sustainable Development*, 10(2), 262-273.

Guerrero, E. (2013). Black violence as cinema: from cheap thrills to historical agonies. In *Violence and American Cinema* (pp. 211-225). Routledge.

Gunther, A. C. & Mundy, P. (1993). Biased optimism and the third-person effect. *Journalism Quarterly*, 70, 58-67.

Gunther, A. C. & Thorson, E. (1992). Perceived persuasive effects of product commercials and public service announcements: Third-person effects in new domains. *Communication Research*, 19(5), 574-596.

Hanson, B. (2002). Bad news dominates period. *Hotel & Motel Management*, 217(19), 24-24.

Hesse, C. & Pedersen, C. L. (2017). Porn sex versus real sex: How sexually explicit material shapes our understanding of sexual anatomy, physiology, and behaviour. *Sexuality & Culture*, 21, 754-775.

Hoffner, C., Buchanan, M., Anderson, J. D., Hubbs, L. A., Kamigaki, S. K., Kowalczyk, L., ... & Silberg, K. J. (1999). Support for censorship of television violence: The role of the third-person effect and news exposure. *Communication Research*, 26(6), 726-742.

Hoffner, C. & Buchanan, M. (2002). Parents' responses to television violence: The third-person perception, parental mediation, and support for censorship. *Media Psychology*, 4(3), 231-252.

Hoffner, C., Plotkin, R. S., Buchanan, M., Anderson, J. D., Kamigaki, S. K., Hubbs, L. A., ... & Pastorek, A. (2001). The third-person effect in perceptions of the influence of television violence. *Journal of Communication*, 51(2), 283-299.

Hong, S. C. (2015). Do cultural values matter? A cross-cultural study of the third-person effect and support for the regulation of violent video games. *Journal of Cross-Cultural Psychology*, 46(7), 964-976.

Hoorens, V. & Ruiter, S. (1996). The optimal impact phenomenon: Beyond the third-person effect. *European Journal of Social Psychology*, 26, 599-610.

Hornik，J.，Satchi，R. S.，Cesareo，L. & Pastore，A.（2015）. Information dissemination via electronic word-of-mouth: Good news travels fast, bad news travels faster! *Computers in Human Behavior*，45，273-280.

Huh，J.，Delorme，D. E. & Reid，L. N.（2004）. The third-person effect and its influence on behavioral outcomes in a product advertising context: The case of direct-to-consumer prescription drug advertising. *Communication Research*，31(5)，568-599.

Huynh，K. & Woo，B.（2014）.‘Asian fail’: Chinese Canadian men talk about race, masculinity, and the nerd stereotype. *Social Identities*，20 (4-5)，363-378.

Jang，S. M. & Kim，J. K.（2018）. Third person effects of fake news: Fake news regulation and media literacy interventions. *Computers in Human Behavior*，80，295-302.

Jenkins，E. L.，Ilicic，J.，Barklamb，A. M. & McCaffrey，T. A. （2020）. Assessing the credibility and authenticity of social media content for applications in health communication: scoping review. *Journal of Medical Internet Research*，22(7)，e17296.

Johnston，A. & Kaid，L. L.（2002）. Image ads and issue ads in US presidential advertising: Using videostyle to explore stylistic differences in televised political ads from 1952 to 2000. *Journal of Communication*，52 (2)，281-300.

Jones，S. C. & Rossiter，J. D.（2008）. Young adults' perceptions of smoking actors. *Health Education*，108(6)，450-462.

Kim，H.（2016）. The role of emotions and culture in the third-person effect process of news coverage of election poll results. *Communication Research*，43(1)，109-130.

Kohut，T.，Baer，J. L. & Watts，B.（2016）. Is pornography really about "making hate to women"? Pornography users hold more gender egalitarian attitudes than nonusers in a representative American sample. *The Journal of Sex Research*，53(1)，1-11.

Kotler，P.，Kartajaya，H. & Setiawan，I.（2019）. *Marketing* 3. 0: *From products to customers to the human spirit*（pp. 139-156）. Springer Singapore.

Li, J., Du, Q. & Gao, X. (2020). Adolescent aggression and violent video games: The role of moral disengagement and parental rearing patterns. *Children and Youth Services Review*, 118, 105370.

Lim, J. S. (2017). The third-person effect of online advertising of cosmetic surgery: A path model for predicting restrictive versus corrective actions. *Journalism & Mass Communication Quarterly*, 94(4), 972-993.

Lim, J. S., Lee, J. & Lim, S. S. (2020). The first-person effect of anti-panhandling public service announcement messages on promotional behaviors and donation intentions. *Journal of Promotion Management*, 26 (2), 207-232.

Lin, T. T. & Tsai, C. H. (2022). Taking stock of social-political polarization in Asia: Political communication, social media and digital governance. *Asian Journal of Communication*, 32(2), 71-74.

Livingstone, S. (2004). Media literacy and the challenge of new information and communication technologies. *The Communication Review*, 7(1), 3-14.

Lou, C. & Yuan, S. (2019). Influencer marketing: How message value and credibility affect consumer trust of branded content on social media. *Journal of Interactive Advertising*, 19(1), 58-73.

Lyons, B. A. (2022). Why we should rethink the third-person effect: Disentangling bias and earned confidence using behavioral data. *Journal of Communication*, 72(5), 565-577.

Mafael, A., Raithel, S., Taylor, C. R. & Stewart, D. W. (2021). Measuring the role of uniqueness and consistency to develop effective advertising. *Journal of Advertising*, 50(4), 494-504.

Maity, M. & Gupta, S. (2016). Mediating effect of loyalty program membership on the relationship between advertising effectiveness and brand loyalty. *Journal of Marketing Theory and Practice*, 24(4), 462-481.

Majeed, S., Lu, C. & Usman, M. (2017). Want to make me emotional? The influence of emotional advertisements on women's consumption behavior. *Frontiers of Business Research in China*, 11 (1), 1-25.

Meirick, P. C. (2005). Rethinking the target corollary: The effects of social distance, per-ceived exposure, and perceived predispositions on first-person and third-person perceptions. *Communication Research*, 32, 822-843.

Melnyk, I., Melnyk, A., Pryshliak, Y., Melnyk, O., Soroka, A., Churevych, V.,... & Sun, H. (2023). Good News-Bad News. Proportion between Positive and Negative Headlines in the Global News Feed(Based on the Google News Aggregator). *Studies in Media and Communication*, 11 (6), 244-260.

Meng, L. M., Duan, S., Zhao, Y., Lü, K. & Chen, S. (2021). The impact of online celebrity in livestreaming E-commerce on purchase intention from the perspective of emotional contagion. *Journal of Retailing and Consumer Services*, 63, 102733.

Naderer, B. (2021). Advertising unhealthy food to children: on the importance of regulations, parenting styles, and media literacy. *Current Addiction Reports*, 8, 12-18.

Owens, E. W., Behun, R. J., Manning, J. C. & Reid, R. C. (2012). The impact of internet pornography on adolescents: A review of the research. *Sexual Addiction & Compulsivity*, 19(1−2), 99-122.

Payne, A., Frow, P. & Eggert, A. (2017). The customer value proposition: Evolution, development, and application in marketing. *Journal of the Academy of Marketing Science*, 45, 467-489.

Peter, J. & Valkenburg, P. M. (2016). Adolescents and pornography: A review of 20 years of research. *The Journal of Sex Research*, 53(4−5), 509-531.

Polivy, J. & Herman, C. P. (2004). Sociocultural idealization of thin female body shapes: An introduction to the special issue on body image and eating disorders. *Journal of Social and Clinical Psychology*, 23(1), 1-6.

Potter, W. J. (2010). The state of media literacy. *Journal of Broadcasting & Electronic Media*, 54(4), 675-696.

Price, V. & Tewksbury, D. (1996). Measuring the third-person effect of news: The impact of question order, contrast and knowledge.

International Journal of Public Opinion Research, 8(2), 120-141.

Saleem, F. (2007). Young adult perception towards celebrity endorsement: A comparative study of single celebrity and multiple celebrities endorsement. *European Journal of Economics, Finance and Administrative Sciences*, 8(1), 128-139.

Scharrer, E. (2002). Third-person perception and television violence: The role of out-group stereotyping in perceptions of susceptibility to effects. *Communication Research*, 29(6), 681-704.

Scharrer, E. & Leone, R. (2008). First-person shooters and the third-person effect. *Human Communication Research*, 34(2), 210-233.

Schussler, A. (2012). The relation between feminism and pornography. *Scientific Journal of Humanistic Studies*, 4(6).

Shabbir, M. S. (2016). The Impact of advertisement on buying behavior of the children. *Arabian Journal of Business and Management Review*, 6(4), 1-10.

Short, M. B., Wetterneck, C. T., Bistricky, S. L., Shutter, T. & Chase, T. E. (2016). Clinicians' beliefs, observations, and treatment effectiveness regarding clients' sexual addiction and internet pornography use. *Community Mental Health Journal*, 52, 1070-1081.

Skorska, M. N., Hodson, G. & Hoffarth, M. R. (2018). Experimental effects of degrading versus erotic pornography exposure in men on reactions toward women(objectification, sexism, discrimination). *The Canadian Journal of Human Sexuality*, 27(3), 261-276.

Sun, Y., Pan, Z. & Shen, L. (2008). Understanding the third-person perception: Evidence from a meta-analysis. *Journal of Communication*, 58(2), 280-300.

Tandoc, E. C., Lee, J., Chew, M., Tan, F. X. & Goh, Z. H. (2021). Falling for fake news: The role of political bias and cognitive ability. *Asian Journal of Communication*, 31(4), 237-253.

Tukachinsky, R., Mastro, D. & Yarchi, M. (2017). The effect of prime time television ethnic/racial stereotypes on Latino and Black Americans: A longitudinal national level study. *Journal of Broadcasting &*

Electronic Media，61(3)，538-556.

Vandenbosch，L. & Van Oosten，J. M.（2017）. The relationship between online pornography and the sexual objectification of women: The attenuating role of porn literacy education. *Journal of Communication*，67 (6)，1015-1036.

Van Steenburg，E.（2015）. Areas of research in political advertising: A review and research agenda. *International Journal of Advertising*，34(2)，195-231.

Von Hippel，W.，Lakin，J. L. & Shakarchi，R. J.（2005）. Individual differences in motivated social cognition: The case of self-serving information processing. *Personality and Social Psychology Bulletin*，31 (10)，1347-1357.

Wallenius，M. & Punamäki，R. L.（2008）. Digital game violence and direct aggression in adolescence: A longitudinal study of the roles of sex，age，and parent-child communication. *Journal of Applied Developmental Psychology*，29(4)，286-294.

Wan，Y. & Thompson，K. M.（2022）. Making a cocoon: The social factors of pandemic misinformation evaluation. *Proceedings of the Association for Information Science and Technology*，59(1)，824-826.

Wan，F. & Youn，S.（2004）. Motivations to regulate online gambling and violent game sites: An account of the third-person effect. *Journal of Interactive Advertising*，5(1)，46-59.

Wei，L.，Yang，G.，Shoenberger，H. & Shen，F.（2021）. Interacting with social media ads: Effects of carousel advertising and message type on health outcomes. *Journal of Interactive Advertising*，21(3)，269-282.

Wei，R.，Lo，V. H. & Lu，H. Y.（2010）. The third-person effect of tainted food product recall news: Examining the role of credibility，attention，and elaboration for college students in Taiwan. *Journalism & Mass Communication Quarterly*，87(3—4)，598-614.

Williams，A.（2015）. A global index of information transparency and accountability. *Journal of Comparative Economics*，43(3)，804-824.

Willis，M.，Bridges，A. J. & Sun，C.（2022）. Pornography use，

gender, and sexual objectification: A multinational study. *Sexuality &* *Culture*, 26(4), 1298-1313.

Yang, F. & Horning, M. (2020). Reluctant to share: How third person perceptions of fake news discourage news readers from sharing "real news" on social media. *Social Media + Society*, 6(3), 2056305120955173.

Yuan, X. & Wang, C. (2022). Research on the formation mechanism of information cocoon and individual differences among researchers based on information ecology theory. *Frontiers in Psychology*, 13, 1055798.

Zhang, X., Chen, X., Gao, Y., Liu, Y. & Liu, Y. (2018). Self-promotion hypothesis: The impact of self-esteem on self-other discrepancies in decision making under risk. *Personality and Individual Differences*, 127, 26-30.

Zhao, X. & Cai, X. (2008). From self-enhancement to supporting censorship: The third-person effect process in the case of Internet pornography. *Mass Communication and Society*, 11(4), 437-462.

<<< **第六章**

不同媒介中的第三人效应

不同的媒介类型对于第三人效应会产生差异化的影响。在多元化的信息时代，传统媒体与数字媒体并存，为人们提供了丰富而多样的信息来源。不同媒介因其独特的信息生产方式、传播方式和受众群体，媒介效果具有显著差异，当面对不同的媒介时，第三人效应如何变化？如何塑造我们对信息的认知？这是本章讨论的话题。

传统媒体

在当今高度数字化的时代，传统媒体仍然扮演着不可或缺的角色，已经成为社会文化的一部分，承担着传承文化和传统的重要角色。早在 20 世纪 50 年代，学者拉斯韦尔和赖特即提出了大众媒体的四功能说：环境监视、解释与规定、社会化功能、提供娱乐（Sills，2013；Simonson，2006）。足以见得大众媒体在社会治理、社会规范建构、文化认知、民众娱乐生活中的主导地位。站在今天，我们可能已经难以想象人们在第一次看到电视影像、收看体育比赛转播时的感受，那种直接、临场感的体验，带来的冲击力一定使得第一代电视观众难以忘怀。

传统媒体的内容生产过程在很大程度上是中心化的。一个核心编辑团队通常由资深的编辑、记者和专家组成，是负责决策的主体。他们的决策不仅涉及内容的策划，还涉及选择哪些故事值得报道，哪些角度应该被突出，以及哪些消息来源是可靠的。这种中心化的模式确保了信息的一致性,从而确立了公众对传统媒体的信任。因为编辑团队可能会有自己的价值观和偏好,在某种程度上限制了报道的多样性和广度。不像数字平台可以实时更新内容,传统媒体如电视、广播和报纸都受到有限的时间和空间限制,一个电视新闻节目可能只有 30 分钟时间,而报纸的印刷版面有限。编辑必须进行选择,决定哪些故事值得报道,哪些可以被忽略,这就是著名的"把关人"效应。报纸版面的稀缺性常常导致重大事件获得更多的关注,而一些社区新闻或边缘话题可能会被忽视。正式基于这一观察,学者们发展出了议程设置理论。

传统媒体的内容生产是一个多阶段、专业化的过程。从记者的初步调研、采访到编辑的校对,再到设计团队的版面设计和排版,每一个步骤都需要专业的技能和经验,专业化确保了发布内容的标准和质量。广告是许多传统媒体的主要收入来源,这种经济模式在某种程度上影响了内容的生产和选择。为了吸引更多的观众和广告商,媒体可能会更倾向于报道热门的话题,广告驱动的模式也可能导致一些潜在的利益冲突,一家媒体可能会犹豫是否报道涉及其广告商的负面新闻。

报纸作为历史悠久的传统媒体,长期以来被视为权威的信息来源。它的可信度很大程度上来自专业的记者队伍、实地报道以及严格的编辑审查,几乎每一篇新闻都经过了多重的事实核查和专业的写作校对。许多报纸拥有数十年甚至百年的历史,这种持续的存在为它们赢得了公众信任。读者可能会认为,由于报纸的信息更正式和权威,其他人(尤其是那些不经常阅读报纸的人)可能更容易受到其影响(Gunther,1991;Johnson et al.,2014)。早期的第三人研究也大多以报纸作为研究对象,学者们发现在诽谤性新闻评论中,受访者认为他人会受到更大影响(Cohen et al.,1988)。有趣的是,研究发现相比于直接来自信息源的传播,经过报纸的传播后,第三人效应被放大了(Mason,1995)。

电视的出现为信息传播带来了革命性的改变。电视将视觉和听觉完美地结合,使新闻报道更为直观和生动,多种节目类型,如新闻、访谈、纪录片等,为公众提供了全面而深入的信息展现。从文化传播的角度来看,电视成为全球文化的桥梁。通过各种电视节目,不同文化背景的人们有机会了解并欣赏其他文化的魅力,从而促进了跨文化交流,并形成一种全球化的文化认同感(García-Jiménez et al.,2017)。电视的新闻和时事节目在形成公众议程上扮演了关键角色,这些节目不仅提供了即时的信息,还引发了公众对社会、政治和经济议题的广泛讨论，进一步推动了社会意识的形成，使得公众更加积极地参与到社会活动中来（Hooghe，2002；Hoffman & Thomson，2009）。从娱乐和休闲的角度来看，电视是家庭生活中不可或缺的一部分，无论是电视节目、电视剧还是体育赛事，都为观众提供了无尽的选择。电视广告作为企业宣传的重要渠道，不仅为消费者提供了有关商品和服务的信息，还在一定程度上影响了他们的消费决策。电视对社会的影响并非全都是积极的，尼尔·波兹曼在著作《童年的消逝》中就讨论了电视对孩子的负面影响，孩子们从电视中过早的了解成年人的生活方式、模仿成年人的话语，失去了应有的纯真。

第三人效应的强度在不同媒介形态中的比较研究较多，结果不尽相同，需要后继学者继续探索。Salwen（1998）研究表明，相比于电视观众，报纸的读者感受到更强的第三人认知。作者的解释是，相比于电视观众，报纸读者认为自身与新闻和公共事务关联更密切。Brosius 和 Engel（1996）对德国成年人的调查表明，与报纸和广播相比，电视观众中第三人效应更显著。在此项研究中，电视新闻显示出较小的第三人感知，而电视广告的自我-他人感知差异要大得多，政治竞选新闻则更接近于广告，第三人效应明显。在澳大利亚的一项研究中，电视观众受访者仅呈现出细微的自我-他人差异，观看时长和第三人称感知之间存在负相关（Innes & Zeitz，1988）。另一项研究中，参与者被问及美国媒体对他们的影响时，阅读美国杂志的人认为媒体影响对自己的价值观有较强影响；收看美国电影的外国观众认为其对文化价值影响较小；而那些听美国音乐和广播的人则认为，音频媒介对其他人的影响更大（Willnat et al.，2002）。此研究表明，在电影、音乐、广播、杂志等传统媒体形态的受众中，第三人效应较为普遍。

互联网与媒介化

由于电视、广播通常有固定的播出时间，它无法像数字媒体那样实时更新信息，这也是其主要的局限性。进入 21 世纪，互联网的崛起使得网络媒体成为信息传播的主流，包括社交媒体、新闻网站、博客、个人网站等多种形式。社交媒体以其即时性和互动性著称，允许用户在任何时间、地点发布和接收信息。但这也带来了信息真实性的挑战，假新闻和未经核实的谣言在社交媒体中被广泛传播。许多权威新闻机构也建立了自己的官方新闻网站，这些网站通常继承了传统媒体的专业标准，以更快速地更新和发布信息。网络媒体的多元主体，丰富的传播渠道、多种信息类型、海量的信息量为受众带来便利的同时，也带来了诸多的确良问题。

随着媒介影响力的提升，"媒介化"这个概念引起学界更多的重视。"媒介化"的重点聚焦在媒介对于宏观的社会制度、社会互动方式、社会文化的影响，社会政治需要大众媒体来维持，政治和社会生活持续地被媒介所塑造和影响（Mazzoleni & Schulz，1999）。媒介技术延伸了人类沟通的范围，使得信息传播的范围和深度大大增加。媒介可以作为"第四权力"，起到舆论监督的作用，影响着社会行动、社会政策的制定。随着网络技术的发展，媒介从专业媒体、新闻报道逐渐转向生活服务、信息服务、社交娱乐等，媒介化行为的界限变得不再清晰（Schulz，2004；Jansson，2018）。随着媒介技术的进步，组织的沟通方式、社会的组织结构均发生了明显的变化。

在媒介技术高度发展的今天，我们所处的环境几乎被各种媒介设备所包围。我们打开智能手机、看电视或使用电脑时，都在与媒介互动，媒介技术不仅为我们提供了信息和娱乐，还成为了工作、学习和社交的必需工具（Kortti，2017；Couldry & Hepp，2013）。社交媒体已经深入到人们的日常生活，改变了我们的交往方式，人们不仅可以即时与他人沟通，还可以在线上展现自我、关注他人和参与各种社交活动（Olsson & Eriksson，2016）。在线社交活动不仅让人们获得了更广泛的人际联系，还为他们提供了一个展现自我和获得认同的平台。在享受技术便捷性的同时，假新闻和不实信息的出现为人们带来了认知困惑（Di Domenico et al.，2021）。面对海量的新闻与信息，培养批判性思维和辨别真伪的能力变得尤为重要。

在媒介化的生活中，人们往往通过与特定的媒体内容或线上群体的互动来建构自己的身份。例如，某些品牌或流行文化符号往往与某种生活方式或价值观念相联系，人们通过消费和分享这些内容来塑造自我形象。随着人工智能、大数据和深度学习等技术的发展，未来的媒体内容可能会更加个性化和智能化。在这种背景下，用户不仅需要对内容进行批判性分析，还需要对技术背后的算法和逻辑有所了解。

网络社交功能与第三人效应

网络社交功能彻底改变了我们与他人的互动方式。这种转变，起源于Web 2.0时代，用户不再仅仅是信息的消费者，而是成为信息的生产者和分享者。分享数字信息已成为描述人们如何与 Web 2.0 共存的核心概念，信息的传播和交流成为焦点。随着技术的进步，现代移动互联网应用被设计得更加注重信息的可分享性，提供了一种便捷的方式使得用户可以轻松地分享、推荐、标记或收藏内容。这种功能不仅使网络内容之间的互动和连接变得更为紧密，还推动了一种以用户为中心的推荐模式，让个人的喜好和选择在网络空间中得到体现。

社交媒体已经成为现代人日常生活的一部分，它不仅是一个交流工具，更是人们寻求信息、寻找认同感、表达自己以及满足需求的平台。信息寻求和自我满足感是社交媒体中的两大核心动机。首先，社交媒体为用户提供了一个简单快捷的方式来获取和分享信息，无论是全球性的新闻事件，还是身边发生的小事，社交媒体都让这些信息传播得更快、更广泛。用户可以通过浏览他人的帖子、参与讨论或直接提问来获得自己关心的信息。对于许多人来说，社交媒体已经超越了传统媒体，成为他们获取最新信息的首选渠道。其次，自我满足感在社交媒体中同样占据重要地位。人们通过发布自己的生活瞬间、观点和成就来获得他人的关注和认可，每当有人点赞、评论或分享他们的帖子时，都给予人们一种成就感和自我价值的确认。与他人的线上互动不仅增强了人们的社会连接感，也在心理上赋予他们满足感(Lee，Ma & Goh，2011)。这种对被认同的追求会导致理想化的自我呈现，以满足自尊心和虚荣心。需要指出的是，人们对于社交媒体信息的分享和互动可能取决于互动对象的吸引力，而不仅仅是信息本身(Bastos，2014)

网络平台为了更好地吸引和服务用户，不仅需要整合社交媒体功能，更需要考虑到用户的反馈和建议，有助于建立品牌的信任度，为平台带来更高的用户参与度和互动性。例如，现如今流行的"点赞"功能，它为用户的在线互动提供了即时的反馈，也形成了一种流量经济。用户的每一次互动、每一个选择都可以转化为数据，为平台创造价值，也为平台提供有价值的用户行为分析。对于用户而言，数字化的社交互动提供了一个分享和交流的平台，也影响了他们对信息的认知和选择。内容的点赞数、分享数等指标会影响用户对信息的可信度判断，影响他们在面对大量在线新闻和内容时的选择偏好。网络社交功能为用户带来了前所未有的互动体验，使得信息的传播和分享变得更为多元，对我们的信息认知和选择产生了深远的影响。

第三人效应在社交媒体的用户中普遍存在。Tsay-Vogel 在 2016 年设计了一项研究，旨在探讨人们认为 Facebook 对自己与他人影响的差异化认知，结果表明,用户倾向于认为社交平台对其他人的影响强于自己。受访者认为自己使用社交媒体的时长和强度都比其他人更低,当人们认为社交媒体的影响是负面时,第三人效应更强。此研究还揭示了性别和年龄的差异,女性和年轻用户具有更强的第三人感知,可能是由于女性和年轻人是社交媒体更积极的使用者。在社交媒体的研究中,信息的受欢迎程度是第三人认知的重要前因。一项实验研究表明,人们在社交媒体中浏览有关癌症的新闻时(此类信息通常被认为是具有人性关怀的正面文章),如果新闻的分享数、评论数较高,第三人效应并不显著,这与信息正面性对认知偏见的抑制作用相吻合;当受访者阅读低浏览量文章时,第三人效应是显著的(Stavrositu & Kim,2014)。

在有关社交媒体新闻、广告、品牌传播的研究中,第三人效应是普遍存在的(Schweisberger,Billinson & Chock,2014;Pham et al.,2019)。在第三人效应的行为层面,一项研究关于 ISIS 恐怖组织社交媒体招募的研究表明,人们认为此类有害信息对他人的影响更大,并倾向于支持政府和平台对此类信息在社交媒体上传播进行限制(Golan & Lim,2016)。另一项研究中,学者发现当人们认为某些线上行为是负面时,人们会认为相比于自己,他人更可能在线上参与负面的行为(Pham et al.,2019)。

社交媒体研究中,虚假信息的传播是另外一个热门话题。一项研究调查了人们对于社交媒体虚假信息的认知,结果表明人们认为其他人更容易受到社交媒体假消息的影响,第三人认知和对于新冠疫情传播的担忧呈正相关(Liu & Huang,2020)。第三人效应在政治相关的假新闻传播中也得到了证实,那些认为自己识别假新闻能力更强的人,呈现出明显的自我-他人认知偏见,对于政治的感兴趣程度、对于社交媒体的依赖、学历、收入等因素会影响第三人认知的强度(Corbu et al.,2020)。此外,对于政治新闻信任度低、感知到假新闻存在的人,在理解假新闻的影响时,更容易产生第三人效应(Lee et al.,2023)。还有研究表明假新闻的接触容易导致信息过载,并加剧第三人认知(Tang,Willnat & Zhang,2021)。在行为层面,研究表明社交媒体假新闻的第三人认知会导致人们支持对于假新闻的管理、社交媒体回避(Lee,2021)。此外,有关假新闻的第三人认知会抑制人们分享相关信息的意愿,即便信息来自权威信源,人们的分享意愿也会显著下降(Lee et al.,2023;Yang & Horning,2020)。

网络隐私风险与第三人效应

在线隐私安全是一个日益严重的问题。网民个人信息的违法收集已经引起了网民对信息安全的关注,网民担心未经授权的在线个人数据访问会导致私密信息泄露,产生严重的后果(Smith,Dinev & Xu,2011;Li,Sarathy & Xu,2010)。网络隐私侵犯在多种情况下发生。例如,在网站注册时提供个人信息,社交媒体要求用户提供个人信息来开设账户,用户能够找到兴趣和背景相似的联系人,但代价是将私人信息让渡给平台(Chen,Beaudoin & Hong,2015)。平台可以获得海量的用户数据,通过数据挖掘技术,设计出个性化的营销信息。当平台将用户数据出售给第三方,对于用户的信息安全会产生更大的危害。网络犯罪组织通过互联网分发恶意软件来收集私人信息,用户访问不安全的网站,打开来历不明的电子邮件都可能导致恶意软件的安装,不法分子利用这些程序窃取用户的信息,设计诈骗信息,使得消费者难以防范(Shin,2010;Debatin et al.,2009)。犯罪分子还通过虚假网站、虚假的营销信息,以大幅的价格折扣和虚假的描述来诱惑目标受众,一旦受众在此类平台上完成交易,个人的银行账号信息将处于危险之中(Zahedi,Abbasi & Chen,2015)。

网上隐私侵犯的主要负面后果是金钱损失。对于犯罪分子来说,匿名的在线环境提供了设计虚假信息以引诱潜在受害者的机会,互联网技术的发展为施展各种骗术打开了新的大门(Pratt,Holtfreter & Reisig,2010;Reyns,2013;Vahdati & Yasini,2015)。隐私侵犯还可能导致关系冲突,账号被窃取并发布不当言论,可能会导致与在线联系人的冲突,损害用户的声誉(Chen,Beaudoin & Hong,2016)。面对隐私风险,并非所有人都采取行动应对信息窃取的威胁。

隐私悖论是一种在移动互联网时代常见的现象。虽然人们对于个人隐私保护表示高度关心,但在实际的在线行为中,仍然选择分享大量的个人信息并且不采取有效的保护策略(Gerber,Gerber & Volkamer,2018)。隐私悖论的产生有其深层次的原因,其中便利性、效率和娱乐性是用户所追求的三大核心价值,当这些价值与隐私安全之间出现冲突时,多数人往往会选择无视风险(Dienlin & Trepte,2015;Barth & De Jong,2017)。在一个以互联网和移动设备为日常的时代,人们已经习惯于随时随地获取所需的信息和服务,地图应用可以根据用户的位置提供路线建议,购物应用则可以根据用户的购物历史为其推荐商品。这种个性化体验大大提高了用户的使用效率,与此同时,用户往往需要向应用提供大量的个人数据。

现代社会中尽管移动互联网、智能手机普及率高,技术的快速发展使得人们对技术知识的掌握和数据的运行机制不甚了解。虽然许多人每天都在使用各种应用和服务,他们可能并不了解这些服务背后的数据收集、处理和使用机制。当用户在没有充分了解的情况下使用这些服务时,他们很容易对隐私风险产生认知盲区。社交压力是另一个不可忽视的因素。社交媒体平台已经成为人们交流、分享和获取信息的主要渠道,不使用这些平台或不分享某些信息,可能会导致人们错过与朋友和家人的互动,并错失某些重要的信息和机会(Taddicken,2014)。为了维持良性的社会关系,许多人选择加入这些平台并与他人分享信息,尽管他们对这些平台的隐私政策表示担忧(Young & Quan-Haase,2013)。

第三人效应也是导致隐私悖论的重要原因之一。有研究显示,拥有高第三人认知的人认为他们已经建构了有效的防御机制,不存在隐私被侵犯的风险,认知偏见的后果是人们继续参与有风险的网上活动并拒绝更新保护措施(Debatin et al.,2009;Cho,Lee & Chung,2010)。负面的隐私经历被发现可以抑制第三人效应,当人们亲身体会到隐私失窃带来的危害时,人们会意识到隐私风险是真实存在的,对于个人的信息安全威胁产生更准确的认识(Metzger & Suh,2017)。此外,研究表明,社交距离、相关的知识、互联网的使用的频率等都会影响放大第三人效应(Chen & Atkin,2021)。

本章小结

本章比较了电视、报纸等传统与网络媒体使用方式、信息生产方式的差异,讨论了不同媒介平台上的第三人效应,深入解析了网络的社交功能、隐私感知中的第三人感知。在第七、八两章中,本书将以两篇个人的研究文章为例,阐释网络色情、网络隐私风险中的第三人认知成因和影响。

● **本章文献综述** ⋯⋯⋯⋯⋯⋯⋯⋯⋯⋯⋯⋯⋯⋯⋯⋯⋯⋯⋯⋯⋯⋯⋯⋯⋯⋯⋯

Barth, S. & De Jong, M. D. (2017). The privacy paradox-Investigating discrepancies between expressed privacy concerns and actual online behavior-A systematic literature review. *Telematics and Informatics*, 34 (7), 1038-1058.

Brosius, H. B. & Engel, D. (1996). The causes of third-person effects: Unrealistic optimism, impersonal impact, or generalized negative attitudes toward media influence? *International Journal of Public Opinion Research*, 8, 142-162.

Chen, H. & Atkin, D. (2021). Understanding third-person perception about Internet privacy risks. *New Media & Society*, 23(3), 419-437.

Chen, H., Beaudoin, C. E. & Hong, T. (2016). Protecting oneself online: The effects of negative privacy experiences on privacy protective behaviors. *Journalism & Mass Communication Quarterly*, 93(2), 409-429.

Cho, H., Lee, J. S. & Chung, S. (2010). Optimistic bias about online privacy risks: Testing the moderating effects of perceived controllability and prior experience. *Computers in Human Behavior*, 26(5), 987-995.

Cohen, J., Mutz, D., Price, V. & Gunther, A. (1988). Perceived impact of defamation: An experiment on third-person effects. *Public Opinion Quarterly*, 52(2), 161-173.

Corbu, N., Oprea, D. A., Negrea-Busuioc, E. & Radu, L. (2020). 'They can't fool me, but they can fool the others!' Third person effect and fake news detection. *European Journal of Communication*, 35(2),165-180.

Couldry, N. & Hepp, A. (2013). Conceptualizing mediatization: Contexts, traditions, arguments. *Communication Theory*, 23(3), 191-202.

Debatin, B., Lovejoy, J. P., Horn, A. K. & Hughes, B. N. (2009). Facebook and online privacy: Attitudes, behaviors, and unintended consequences. *Journal of Computer-Mediated Communication*, 15(1),83-108.

Di Domenico, G., Sit, J., Ishizaka, A. & Nunan, D. (2021). Fake news, social media and marketing: A systematic review. *Journal of Business Research*, 124, 329-341.

Dienlin, T. & Trepte, S. (2015). Is the privacy paradox a relic of the past? An in-depth analysis of privacy attitudes and privacy behaviors. *European Journal of Social Psychology*, 45(3), 285-297.

García-Jiménez，L.，Rodrigo-Alsina，M. & Pineda，A.（2017）．The social construction of intercultural communication：A Delphi study．*Journal of Intercultural Studies*，38(2)，228-244．

Gerber，N.，Gerber，P. & Volkamer，M.（2018）．Explaining the privacy paradox：A systematic review of literature investigating privacy attitude and behavior．*Computers & Security*，77，226-261．

Golan，G. J. & Lim，J. S.（2016）．Third-person effect of ISIS's recruitment propaganda：Online political self-efficacy and social media activism．*International Journal of Communication*，10，21．

Gunther，A.（1991）．What we think others think：Cause and consequence in the third-person effect．*Communication Research*，18(3)，355-372．

Gunther，A. C. & Thorson，E.（1992）．Perceived persuasive effects of product commercials and public service announcements：Third-person effects in new domains．*Communication Research*，19(5)，574-596．

Hoffman，L. H. & Thomson，T. L.（2009）．The effect of television viewing on adolescents' civic participation：Political efficacy as a mediating mechanism．*Journal of Broadcasting & Electronic Media*，53(1)，3-21．

Hooghe，M.（2002）．Watching television and civic engagement：Disentangling the effects of time，programs，and stations．*Harvard International Journal of Press/Politics*，7(2)，84-104．

Innes，J. M. & Zeitz，H.（1988）．The public's view of the impact of the mass media：A test of the "third person" effect．*European Journal of Social Psychology*，18，457-463．

Jansson，A.（2018）．Mediatization as a framework for social design：For a better life with media．*Design and Culture*，10(3)，233-252．

Johnson，M.，Goidel，K. & Climek，M.（2014）．The Decline of Daily Newspapers and the Third-Person Effect．*Social Science Quarterly*，95(5)，1245-1258．

Kortti，J.（2017）．Media history and the mediatization of everyday life．*Media History*，23(1)，115-129．

Lee，T.（2021）．How people perceive influence of fake news and why *itmatters. Communication Quarterly*，69(4)，431-453.

Lee，T.，Johnson，T. J. & Sturm Wilkerson，H. (2023). You can't handle the lies! Exploring the role of gamson hypothesis in explaining third-person perceptions of being fooled by fake news and fake news sharing. *Mass Communication and Society*，26(3)，414-437.

Li，H.，Sarathy，R. & Xu，H. (2010). Understanding situational online information disclosure as a privacy calculus. *Journal of Computer Information Systems*，51(1)，62-71.

Liu，P. L. & Huang，L. V. (2020). Digital disinformation about COVID-19 and the third-person effect: examining the channel differences and negative emotional outcomes. *Cyberpsychology, Behavior, and Social Networking*，23(11)，789-793.

Mason，L. (1995). Newspaper as repeater: An experiment on defamation and third-person effect. *Journalism & Mass Communication Quarterly*，72(3)，610-620.

Mazzoleni，G. & Schulz，W. (1999). Mediatization of politics: A challenge for democracy? *Political Communication*，16(3)，247-261.

Metzger，M. J. & Suh，J. J. (2017). Comparative optimism about privacy risks on Facebook. *Journal of Communication*，67(2)，203-232.

Olsson，E. K. & Eriksson，M. (2016). The logic of public organizations' social media use: Toward a theory of 'social mediatization'. *Public Relations Inquiry*，5(2)，187-204.

Perloff，R. M. (1999). The third-person effect: A critical review and synthesis. *Media Psychology*，1，353-378.

Pham，G. V.，Shancer，M. & Nelson，M. R. (2019). Only other people post food photos on Facebook: Third-person perception of social media behavior and effects. *Computers in Human Behavior*，93，129-140.

Pratt，T. C.，Holtfreter，K. & Reisig，M. D. (2010). Routine online activity and internet fraud targeting: Extending the generality of routine activity theory. *Journal of Research in Crime and Delinquency*，47(3)，267-296.

Reyns，B. W. (2013). Online routines and identity theft victimization:

Further expanding routine activity theory beyond direct-contact offenses. *Journal of Research in Crime and Delinquency*, 50(2), 216-238.

Salwen, M. B. (1998). Perceptions of media influence and support for censorship: The third-person effect in the 1996 presidential election. *Communication Research*, 25(3), 259-285.

Schweisberger, V., Billinson, J. & Chock, T. M. (2014). Facebook, the third-person effect, and the differential impact hypothesis. *Journal of Computer-Mediated Communication*, 19(3), 403-413.

Schulz, W. (2004). Reconstructing mediatization as an analytical concept. *European Journal of Communication*, 19(1), 87-101.

Shin, D. H. (2010). The effects of trust, security and privacy in social networking: A security-based approach to understand the pattern of adoption. *Interacting with Computers*, 22(5), 428-438.

Sills, D. L. (2013). Stanton, Lazarsfeld, and Merton—pioneers in communication research. In *American Communication Research* (pp. 105-116). Routledge.

Simonson, P. (2006). Celebrity, public image, and American political life: Rereading Robert K. Merton's mass persuasion. *Political Communication*, 23(3), 271-284.

Smith, H. J., Dinev, T. & Xu, H. (2011). Information privacy research: an interdisciplinary review. *MIS Quarterly*, 989-1015.

Stavrositu, C. D. & Kim, J. (2014). Social media metrics: Third-person perceptions of health information. *Computers in Human Behavior*, 35, 61-67.

Taddicken, M. (2014). The 'privacy paradox' in the social web: The impact of privacy concerns, individual characteristics, and the perceived social relevance on different forms of self-disclosure. *Journal of Computer-Mediated Communication*, 19(2), 248-273.

Tang, S., Willnat, L. & Zhang, H. (2021). Fake news, information overload, and the third-person effect in China. *Global Media and China*, 6(4), 492-507.

Tsay-Vogel, M. (2016). Me versus them: Third-person effects among

Facebook users. *New Media & Society*，18(9)，1956-1972.

Vahdati，S. & Yasini，N. (2015). Factors affecting internet frauds in private sector：A case study in cyberspace surveillance and scam monitoring agency of Iran. *Computers in Human Behavior*，51，180-187.

Willnat，L.，He，Z.，Takeshita，T. & López-Escobar，E. (2002). Perceptions of foreign media influence in Asia and Europe：The third-person effect and media imperialism. *International Journal of Public Opinion Research*，14，175-192.

Yang，F. & Horning，M. (2020). Reluctant to share：How third person perceptions of fake news discourage news readers from sharing "real news" on social media. *Social Media + Society*，6(3)，2056305120955173.

Young，A. L. & Quan-Haase，A. (2013). Privacy protection strategies on Facebook：The Internet privacy paradox revisited. *Information，Communication & Society*，16(4)，479-500.

Zahedi，F. M.，Abbasi，A. & Chen，Y. (2015). Fake - website detection tools：Identifying elements that promote individuals' use and enhance their performance. *Journal of the Association for Information Systems*，16(6)，2.

<<< **第七章**

研究实例 1：网络色情与第三人效应

网络为人们提供了一个搜索信息和娱乐的窗口，与此同时，网络也增加了公众与色情的接触频率（Lee & Tamborini，2005）。互联网色情是通过互联网分发的色情信息，主要通过网站、点对点文件共享或讨论论坛，在网络上非常多见（Wu，2009；Liang & Lu，2012；O'Donnell & Milner，2007）。与需要付费购买的传统色情影像（如出租、杂志和录像带）不同，通过互联网，色情视频以免费的形式在短时间内即可完成下载。互联网色情信息影响面广，监管十分困难，对社会造成更大的危害（Zhao & Cai，2008）。研究表明，在线色情视频观看和性交易的增长与性犯罪密切相关，如儿童色情、性虐待和家庭暴力等（Slayden，2010；Leth，2005；Procida & Simon，2003；Jasper，2009）。与之相反，另一项研究发现互联网色情信息的传播与美国性暴力犯罪的急剧下降有关，这一发现表明网络色情的某些影响可能是积极的（D'Amato，2008）。

在西方国家，色情信息的传播受到商业利益的保护，例如美国、欧洲有部分色情网络是合法运营的。在中国，色情信息的分发是非法的，受到严格的管制（Lo et al.，2013）。自 20 世纪 80 年代以来，支持和反对色情的力量之间的观点一直在争论中，学者们开始意识到实施内容分级制度的重要性（Li，2014），但是普遍来说，网络色情信息在中国的传播是非法的。从监管的角度看，色情信息对人们的身心健康有害，会腐化社会道德。从技术角度讲，网络色情以两种方式被监控。首先，通过实施网络审查制度，阻断了网民对涉及色情视频网站的访问。其次,网络监管方限制用户发布与禁止色情相关的敏感词(King et al.,2013;Mou et al.,2013ab,2014),成人小说、色情图片和视频等不同形式的内容如果被锁定会被立即删除,众多的色情网站因此被封锁(Liang & Lu,2012)。

大部分关于色情的第三人效应研究都集中在西方国家(Wu & Koo,2001),在中国的相关实证研究十分匮乏。为了填补这一研究空白,本研究依托第三人效应理论来探讨中国大学生群体对互联网色情的看法及其成因。本研究尤其关注社会距离、性知识、女权主义感知、性保守主义感知、集体主义感知以及色情接触的频率对第三人认知的影响,并且讨论了第三人效应的行为部分,即第三人感知对支持审查行为的影响。

文献综述与假设

第三人效应

Davison(1983)首次提出了第三人效应假设,以解释人们如何认为媒体对他人的影响大于对自己的影响。在多种背景下,如政治新闻、暴力媒体内容、视频游戏和广告中,都发现了感知媒介影响在自与他人之间的显著差异(Price et al.,1997;Innes & Zeitz,1988;Scharrer & Leone,2006;Thorson & Coyle,1984;Henrikson & Flora,1999)。然而,很少有研究关注第三人效应形成的过程(Boyle et al.,2008)。在上海和香港的研究(Lo et al.,2013)发现,中国大学生普遍认为色情对他人的负面影响大于对自己的影响。第三人效应的行为部分研究表明,当人们认为他人更容易受到潜在有害信息的影响时,他们倾向于支持限制这种负面信息的传播(Davison 1983;Lo & Paddon,2001)。现有研究为这种偏见感知与行为倾向的关系提供了强有力的支持,表明感知的负面影响越大,支持审查的动机越强(Gunther,1995;Wu & Koo,2001;Rojas et al.,1997;Lambe & Shah,1999;Youn et al.,2000)。通过第三人感知预测相关行为可能存在问题,因为第三人效应不能反映出感知媒介影响的高低,仅能反映出感知的自我-他人差异(Lo et al.,2013)。

与过往用第三人感知预测行为研究不同(Lo & Wei,2002;Salwen & Driscoll,1997),在是否支持网络色情审查这一议题中,本研究认为相比与自我—他人的感知差异,以网络色情对他人的负面影响来预测支持审查的态度是更合适的。本研究考查了两种支持色情信息审查的方式:(1)对网络色情审查的支持;(2)支持互联网色情的分级制度,该制度可以限制青少年访问互联网色情信息。

H1:受访者认为互联网色情对他人的负面影响大于对自己的影响。

H2:互联网色情对他人的感知负面影响与对网络色情审查的支持正相关(H2a),与支持建立色情分级制度正相关(H2b)。

社会距离与第三人效应

社会距离、主观知识和媒体接触已被证明是第三人效应的三个有影响力的预测因子。社会距离指的是社会中不同群体之间的感知距离(Karakayali,2009),研究显示,当他人与自我关系较为疏远时,自我与他人之间的感知差距增加(Gibbon & Durkin,1995;Duck & Mullin,1995;Gunther,1991)。当一个人与亲近的朋友进行比较时,第三人效应会减弱乃至消失(Brosius & Engel,1996;White,1997)。研究者认为,在对某个话题、人或社会事件做出判断之前,人们倾向于依赖自己的个人知识来减少不确定性(Paek et al.,2005)。

由于人们对自己的朋友和那些有相似背景的人(如教育、收入、地理位置和种族)有更深入的了解,不确定性水平较低,使得自我与他人的感知差距减小。与陌生的他人进行对比时,第三人感知的呈现最大化趋势(Duck & Mullin,1995)。社交网络的出现,使得我们的社交对象变得更加复杂多样,增加了网络社交圈的异质性。相比于线下社交,个人与网友之间的社会距离可能会更大(Tewksbury,2002)。

在本研究中,参与者均为在读大学生,研究生参与者被要求评估网络色情信息对自己和本科生的影响;而本科生被试者被要求评估网络色情信息对自己和农民工群体的影响。中国的农民工群体来自农村地区,社会经济地位较低;大学生群体则被认为是具有良好的知识储备,未来有良好的成长潜力。两组被试对象所比较的参照组社交距离存在显著差异,研究生与本科生社会距离较近,大学生与农民工的相互了解很少,社会距离较远。据此,本研究希望评估社交距离对于第三人感知的影响。

H3:社会距离与自我-他人在评估互联网色情影响时的第三人感知呈正相关。

主观知识与第三人效应

主观知识指的是人们主观认为自己对于某一话题的理解程度（Krosnick & Milburn，1990），是第三人效应的一个有影响力的预测因子（Conners，2005）。Salwen 和 Driscoll(1997)的研究表明，较高的主观知识水平使人们认为自己比其他人更聪明，具有更强的抵抗负面媒介影响的能力。例如在竞选期间，针对政治问题的主观知识与媒体报道影响的第三人感知呈相关（Hu & Wu，1998）。Salwen 和 Dupagne(2001)发现，主观知识的影响甚至比社会经济地位更强，因为这种感知是区分自我与他人的重要依据。与之相反，部分在西方国家的研究表明，人们在评估说唱音乐、政治广告的影响时，主观知识与第三人感知相关性并不显著（McLeod et al.，1997；Salwen et al.，1998）。本研究聚焦于探究主观性知识与网络色情影响相关性的评估，主观性知识在文中指受访者认为自己对于性健康、性心理相关知识的掌握程度。主观认知与客观的知识水平有时并不完全一致，也是偏见产生的重要原因。

RQ1：主观性知识与网络色情第三人感知的相关性。

色情信息接触与第三人效应

在网络色情研究中，学者们发现接触互联网色情增加了对婚前亲密行为和婚外性行为的支持，以及对于性开放态度和限制在线色情的支持（Lo & Wei，2002；Lo & Wei，2005）。研究发现，接触色情网站的美国青少年对性行为持更为宽容的态度，更可能拥有多个性伴侣、接触到高风险的性行为，以及实施性骚扰（Brown & Engle，2009；Braun-Courville & Rojas，2009）。在成年人的网络色情研究中，观看色情信息与家庭暴力、高风险的行为具有显著关联（Wright & Randall，2012；Layden，2010）。然而，关于色情信息接触对第三人效应感知的影响目前还存在争议：部分研究未发现媒体接触与第三人感知的关联（Salwen，1998；Rucinski & Salmon，1990）；Innes 和 Zeitz(1988)发现，电视观众的收视强度与感知到的自我-他人差异有较强的关系。以网络色情信息为背景，本研究拟探讨相关媒介信息接触与第三人感知的相关性。

RQ2：接触网络色情的频率是否增加了第三人感知。

女性主义、性保守主义与第三人效应

女性主义是指以女性视角作为出发点，追求性别平等，认为女性应该拥有与男性相等的政治、经济、文化和社会权利（Tuchman，1979）。女性主义不仅关注女性的权益，也扩展到对性别认同、性取向、种族、阶级等问题的关注。随着社交媒体的普及，女性主义研究开始关注在线骚扰、性侵犯、两性工资差距等问题。关于色情信息，女性主义者持有两种观点：第一种观点认为，如果男女被认为是平等的，女性应该被允许接收色情信息，不希望信息的获取受到阻碍（Tong，1987）；第二种观点认为色情信息使女性沉默，导致她们失去权力，以及更多男性针对女性的暴力行为（Cowan，1992）。

媒介中的色情信息往往将女性物化为性对象，强化了性别歧视和性别不平等观念，将女性视为性满足的对象，而不是独立的个体。从女性主义者的角度看，平等的性行为涉及双方之间的相互性满足，女性的需求应该被平等对待（Kulick，2005），不应涉及任何金钱或男性主导的思想（Paasonen，2009）。研究发现，女性主义者对媒介色情信息多数持有负面看法，因为它将女性描绘为性暴力的对象（Cowan et al.，1989）。参与色情的女性总是被描述为顺从的，可能传递不健康、扭曲的性观念，导致人们对性的不正常期望，增加了风险性行为的可能性（Harris & Barlett，2009）。女性可能因网络色情内容中的身体和外貌压力而受到影响。本研究拟探索女性主义观点是否会影响人们对互联网色情的看法，检验其对于第三人认知产生影响。

RQ3：女性主义感知与网络色情第三人感知的相关性。

除了女性主义观点，性态度是另一个潜在预测因子。性保守主义是一种社会和文化观念，提倡对性的保守态度，通常是基于宗教、道德或社会传统的考量（Joe et al.，1976）。性保守主义通常强调性行为应当受到限制，只应在婚姻中进行，任何婚前或婚外的性行为会被看作是不道德的（Guerra et al.，2012）。性保守主义反对同性恋、双性恋或跨性别等，赞同限制与性有关的信息的传播（Hudson & Murphy，1998）。先前的研究表明，人们对他人的性取向的保守程度要求比对自己更低，例如相比于其他人，自身的婚外行为被认为是更可接受的，表明了人们对性的看法存在明显的自我-他人差异（Hannon et al.，1999）。将这一发现扩展到网络色情信息，本研究拟探究性保守主义感知与网络色情第三人认知的关系。

RQ4:性保守主义感知对网络色情信息第三人认知的影响。

集体主义感知与第三人效应

Hofstede(1980)最早定义了个人主义和集体主义文化之间的区别,此概念在文化研究领域流行了几十年之久。在个人主义文化中,人们是自主的、独立于他人的群体,人们的行为更多基于个人价值观而不是群体规范(Triandis,2001)。在集体主义文化中,人们是相互依赖的,优先考虑团体目标,服从内部群体规范,并以统一的方式行事(Mills & Clark,1982;Markus & Kitayama,1991)。Mou 等人(2013)提出,儒家文化观念也可以影响沟通行为,在亚洲国家中,人们通常会更在意他人对自己的评价,因而在网络上表达观点的频率更低。在集体主义文化中,自我-他人感知差异比强调个人主义的西方社会小(Gunther & Hwa,1996)。在性观念的研究中,学者们发现具有集体主义倾向的人不太可能接受婚前和婚外性行为,对色情信息持有负面的看法(Lo et al.,2010)。Lee 和 Tamborini(2005)研究了互联网色情这一话题,结果表明集体主义感知显著降低了第三人认知。在中国这样的集体主义文化中,社会规范对个体行为产生了巨大的影响,个体的角色、地位、责任是以群体预期的方式呈现的(Lu,2008)。基于上述论述,作者假设集体主义感知有可能减少自我与他人的差距。

H4:集体主义感知与网络色情信息第三人感知呈负相关。

研究方法

本研究调查数据采集时间为 2014 年 2 月,通过方便抽样的方式在本科生和研究生中进行的。考虑到调查中涉及的敏感性材料,所有信息均进行匿名化处理。作者首先联系到在大学任教的多位传播学者,邀请他们将调查问卷链接分享给他们的学生、书籍读者、社交媒体订阅者和其他目标人群。在删除无效的数据后,我们得到了来自中国 30 个省份的 533 份样本。这些受访者包括 302 名本科生和 231 名研究生(见表 7-1)。其中 37.8% 的本科受访者是男性,53.7% 的研究生受访者是男性。本科受访者的平均年龄是 21.7 岁;研究生受访者的平均年龄是 26.1 岁。在本科生中,39% 的受访者正在 211/985 高校学习，73.09％的受访者的学校位于直辖市或省会城市。在研究生样本中，79.91％在 211/985 高校就读，少于 10％是少数民族，学生的专业在理科和文科之间均匀分布，各占大约 50％。本研究样本基本可以反映出中国大学生群体的普遍特征。

变量测量

基于 Gunther 的研究(1995)，受访者对网络色情影响的测量通过一个 7 项量表进行的，回答从 1(无影响)到 7(强烈的负面影响)。其中的一道题目是："评估互联网色情对您看待异性态度的影响。"量表的效度令人满意(本科生：对自己的影响，Cronbach's α＝0.77；对他人的影响，Cronbach's α＝0.95；研究生：对自己的影响，Cronbach's α＝0.78；对他人的影响，Cronbach's α＝0.95)。通过计算网络色情对他人和自身影响的差值，得出互联网色情的第三人感知变量(本科生：M＝1.36，SD＝1.33；研究生：M＝0.68，SD＝1.02)。

对互联网色情信息审查的支持。第三人效应的行为部分是通过两个题项测量的，询问受访者是否同意对互联网色情的一般审查，以及是否支持建立互联网色情的评级系统。回答选项范围从"(1)完全不同意"到"(7)完全同意"。我们构建了两个行为部分的变量：支持网络色情审查(本科生：M＝4.71，SD＝1.54；研究生：M＝4.63，SD＝1.76)和支持网络色情评级系统(本科生：M＝6.00，SD＝1.34；研究生：M＝6.23，SD＝1.11)。

社会距离。基于之前有关社会距离效果的研究(Lo，2000)，本研究邀请受访者评估网络色情信息对于自身和他人群体影响。本科生的比照组为农民工群体，他们的社会经济地位较低，与大学的学历水平、知识储备、社会地位差异极大，社会心理距离较远。研究生则评估了网络色情信息对本科生的影响，相比于本科生组的受访者，研究生组自身和比较组之间的社会心理较近。

集体主义感知。Triandis 和 Gelfand(1998)开发了一个简短的量表来描述集体主义倾向。基于此量表，本研究使用了如"如果同事得到奖励，我会感到开心"和"同事的幸福对我很重要"这样的题目来测试集体主义感知。受访者的回答范围从"(1)完全不同意"到"(7)完全同意"。通过这六个题目的结果取平均值，我们计算出集体主义感知变量(M＝5.35，SD＝1.01，Cronbach's α＝0.82)。

女性主义感知。基于现有研究(Spence et al.,1973),本研究设计了女性主义感知量表。具有代表性的题目为:"女人应该像男人一样,有自由地提出结婚和离婚的权利"。这 14 个题目是通过一个七级李克特量表测量,回答范围从"(1)完全不同意"到"(7)完全同意"(M=5.44,SD=0.73,Cronbach's α=0.79)。

主观性知识。性知识量表是基于现有的研究改编制定的(Chen,2012),该量表测试了人们对性、怀孕和性传播疾病的知识的主观认知。受访者提问被是否了解安全性行为、风险性行为、性疾病等相关知识。回答"(1)是"表示了解,回答"(0)否"表示不了解。这 25 个项目被加在一起,生成一个主观性知识的指数(M=16.37,SD=3.91)。

性保守感知。此量表由 25 个题项构成,用于评估对于性的保守态度(Hudson & Murphy,1998)。得分越高,表明受访者对性的态度越保守。其中一项题目为:"我认为成年人被给予了太多的性自由"。回答的范围从"强烈反对(1)"到"强烈同意(7)"(M=2.97,SD=0.86,Cronbach's α=0.91)。

媒体色情信息接触。作者为受访者设计了九个问题,测量他们在各类媒体平台上与色情接触的频率。受访者的回答包括"(1)从不"到"(8)几乎每天"。为了明确频次差异的影响,我们用 0、2、4、12、24、48、96、192 为接触色情信息的频率赋值,数值越高代表频率越高。作者将这九个问题加在一起,创建了一个新的指数变量,用于指代年度互联网色情暴露(M=201.26,SD=288.54)。

控制变量。控制变量包括受访者的一般人口统计信息(性别、年龄、收入、民族)、学校信息(是否位于直辖市/省会城市;是否为 985/211 学校)、一般媒体使用(每天接触国内媒体的时间;每天接触外国媒体的时间;互联网熟练程度)以及海外生活经验等。

表 7-1　描述性统计

	本科生		研究生	
	均值	方差	均值	方差
控制变量				
性别[a]	37.75%		53.68%	
所在院校[b]	39%		79.91%	
专业[c]	57.82%		45.22%	
居住地[d]	73.09%		91.74%	
民族[e]	90.60%		94.78%	
年龄	21.73	2.64	26.13	3.61
收入[f]	5934	6365	6297	5288
海外生活经历	1.35	0.99	1.97	1.7
海外联系	2.03	1.99	2.72	2.31
网络熟练度	3.7	0.93	4.17	0.89
国内媒体接触	3.81	1.61	3.69	1.52
国外媒体接触	5.28	2.84	5.17	2.8
内生变量				
集体主义感知	5.3	1.03	5.41	0.98
女性主义感知	5.45	0.75	5.43	0.7
主观性知识	15.93	3.91	16.95	3.84
性保守认知	3.06	0.87	2.85	0.84
色情信息接触	216.81	278.58	180.93	300.45
色情信息对自身的影响	2.26	1.12	1.92	1.06
色情信息对他人的影响	3.62	1.51	2.59	1.45
自我与他人的感知影响差异	1.36	1.33	0.68	1.02
对色情信息审查的支持	4.71	1.54	4.63	1.76
对色情信息分级的支持	6.00	1.34	6.23	1.11

说明．a. 男性受访者的百分比；b. 目前在 985/211 大学学习的受访者的百分比；c. 非理科专业的受访者的百分比；d. 受访者所在学校位于各省会城市/直辖市的百分比；e. 汉族人口的百分比；f. 收入以元为单位估算。

哑变量编码如下：性别（0＝女性，1＝男性）；学校（0＝非 985/211 高校，1＝985/211 高校）；专业（0＝理工科，1＝非理工科）；地点（0＝非省会城市，1＝省会城市、直辖市）；民族（0＝少数民族，1＝汉族）。

研究结果

H1 假设网络色情对他人的影响大于自己。与假设一致，大多数受访者（65.9%）认为网络色情对他人的影响高于自己，只有 6.38% 的人认为对自己的负面影响更大，27.8% 的人认为影响没有明显差异。根据 t 检验结果（表7-2），对他人的影响显著高于对自己的影响，因此 H1 得到支持。

表 7-2　互联网色情对自我与他人感知影响差异的配对 t 检验分析

	对自我的影响 均值（标准误差）	对他人的影响 均值（标准误差）	t 值
本科生			
色情信息的影响	2.26(1.12)	3.62(1.51)	16.47***
性道德感	2.27(1.15)	3.66(1.53)	16.47***
对异性的态度	2.26(1.33)	3.58(1.56)	15.57***
研究生			
色情信息的影响	1.92(1.06)	2.59(1.45)	10.04***
性道德感	2.00(1.26)	2.62(1.49)	−8.34***
对异性的态度	1.83(1.07)	2.56(1.16)	−9.59***

说明．$^{*}p<0.05$，$^{**}p<0.01$，$^{***}p<0.001$

H2 假设网络色情的第三人感知与支持网络色情审查和建立评级制度之间呈正相关。在本研究中，我们发现在控制人口统计变量的情况下，本科生组中对他人的网络色情感知效果与支持审查（$b=0.20$，$p<0.001$）和支持评级制度（$b=0.29$，$p<0.01$）均呈正相关。在研究生组中，对他人感知影响与支持审查（$b=0.47$，$p<0.001$）存在正相关（见表 7-3）。因此，H2a 和 H2b 均得到了支持。

表 7-3　基于对他人的感知影响预测对互联网色情审查支持的有序逻辑回归分析

	本科生		研究生	
	模型 1[a]	模型 2[b]	模型 1[a]	模型 2[b]
控制变量				
性别	-0.78^{***}	$-0.46^{\#}$	-0.39	-0.73^{**}
年龄	-0.01	0.06	0.02	0.01
所在院校	-0.01	$0.52^{\#}$	0.06	-0.19
专业	0.01	-0.55^{*}	0.11	-0.21
居住地	-0.40	-0.13	-0.16	0.31
民族	0.09	-0.41	-0.06	0.38
收入	0.00	0.00	-0.00^{*}	0.00
海外生活经历	0.18	-0.03	0.00	0.07
海外联系	-0.10	0.31^{***}	-0.05	-0.03
网络熟练度	0.04	0.10	-0.21	0.32^{*}
国内媒体接触	0.04	$-0.14^{\#}$	-0.05	0.03
国外媒体接触	-0.01	-0.02	-0.02	-0.08
网络色情对自身的影响	0.13	-0.10	-0.20	$-0.29^{\#}$
自变量				
网络色情对他人的影响	0.20^{*}	0.29^{**}	0.47^{***}	0.11
Pseudo R^2	0.0321^{**}	0.0537^{***}	0.0406^{**}	0.0349

说明:[#]$p<0.05$(one-tail),[*]$p<0.05$,[**]$p<0.01$,[***]$p<0.001$.

　　a. 模型 1 的因变量:对色情信息审查的支持

　　b. 模型 2 的因变量:对色情信息分级的支持

　　H3 预期社会距离与网络色情第三人感知正相关(即社会距离更远的比较组会导致更大的自我-他人差异)。本研究假设本科生组(本科生-农民工)的感知差距大于研究生组(研究生-本科生)。t 检验(表 7-4)表明,本科生组的第三人认知大于研究生组($t=6.47$,$p<0.001$),H3 得到了支持。此外,关于自我感知的 t 检验结果表明,研究生组对自己的感知效果低于本科生组($t=3.63$,$p<0.001$),这表明学历高的人倾向于认为自己受到的负面影响较小。

表 7-4　本科生组与研究生组之间的感知 TPE 差异的双样本 t 检验

	本科生 均值(标准误差)	研究生 均值(标准误差)	t 值
本科生			
网络色情对自我的影响	2.26(1.12)	1.92(1.06)	3.63***
网络色情对他人的影响	3.62(1.51)	2.59(1.45)	7.96***
自我与他人的影响差异	1.36(1.33)	0.68(1.02)	6.47***

说明: * $p < 0.05$, ** $p < 0.01$, *** $p < 0.001$

R1～R4 和 H4 测试了一系列影响第三人感知大小的变量,分析结果参见表 7-5。R1 探讨了主观性知识与网络色情第三人感知之间的关系,结果显示,两个组别中主观性知识都没有显著影响。R2 探讨了色情接触与网络色情第三人感知之间的关系,结果显示两个组别均没有发现显著效应。R3 考察了性保守观念对第三人感知的影响,在控制人口变量的情况下,研究生组中的女权主义感知正向预测了第三人效应($b = 0.59, p < 0.01$);而在本科生组中,该影响并不显著($b = 0.29, p < 0.10$)。R4 考察了性保守认知对网络色情的第三人感知的影响,研究生组结果表明,性保守主义确实与更明显的自我—他人感知差异相关($b = 0.78, p < 0.001$),本科生组中相关结果不显著。H4 认为,集体主义感知与网络色情信息第三人感知正相关。参与者在集体主义感知上评分较高(本科生:M = 5.3, SD = 1.03;研究生:M = 5.41, SD = 0.98),集体主义感知影响在两组中均不显著。因此,H4 未被支持。

表 7-5　预测互联网色情第三人感知的有序逻辑回归分析

	本科生	研究生
控制变量		
性别	0.03	−0.70*
年龄	0.04	0.02
所在院校	0.21	−0.44
专业	0.39#	−0.39
居住地	0.03	−1.06*
民族	−0.10	0.66

续表

	本科生	研究生
收入	0.00	0.00
海外生活经历	−0.19	−0.06
海外联系	0.13#	0.00
网络熟练度	0.06	0.31**
国内媒体接触	0.10	0.04
国外媒体接触	0.02	0.08
自变量		
集体主义感知	0.02	0.19
女性主义感知	0.29#	0.59**
主观性知识	−0.01	−0.04
性保守主义感知	0.21	0.78***
网络色情信息接触	0.00	0.00
Pseudo R^2	0.0187	0.0664***

说明. # $p < -0.05$(one-tail), * $p < 0.05$, ** $p < 0.01$, *** $p < 0.001$

结论与讨论

本研究旨在探索中国互联网色情这一语境下的第三人效应,总体上,研究结果与戴维森的理论预设一致。研究发现,本科生和研究生都倾向于认为互联网色情对他人的负面影响大于对自己的影响。相比于学历、社会地位更低群体,具有优势地位的群体认为媒介对于自身的影响较小(Tiedge et al.,1991;Paek et al.,2005;Gunther,1995;Runcinski & Salmon,1990;Willnat,1996)。

除了认知方面,本研究也在中国背景下证实了第三人效应的行为影响。之前的研究指出,用自我与他人之间的差异来预测行为并不准确,研究者难以区分以下两种情况:一是媒体对自己和他人都产生强烈的影响;二是媒体对两者都产生微弱的影响(Lo & Wei,2002)。本研究特别关注网络色情对他人的影响,以此来预测第三人效应的行为部分,发现网络色情对他人的影响与支持色情信息审查有正相关性。这意味着,当人们认为网络色情对他人有害时,他们更可能支持对这些信息的审查。有趣的是,本研究还发现网络色情对个人的影响与支持审查色情的行为并无明显关联。这可能说明,尽管人们认为网络色情对他人有害,但他们不认为这对自己同样有害,或者他们可能认为自己有能力抵御这种影响。

本研究进一步探讨了网络色情议题中第三人认知的成因。Lo 等人在2013 年针对中国大学生的研究中发现,互联网色情的接触和媒体使用频率与第三人认知存在显著联系。媒体的使用习惯和接触频率可能会影响个体如何看待自己和他人,从而产生感知差距。此外,研究者还发现宗教信仰、性别以及与色情媒体的接触都是影响感知差距的重要因素(Lo,2000;Lo & Paddon,2001)。这表明文化、宗教和社会因素都可能对个体的感知产生影响,进而导致自我与他人之间的感知差距。

社会距离的概念在理论构建中具有重要的启示作用,特别是在中国文化背景下。长期以来,社会距离一直被认为是影响感知差距估计的关键预测因子(Lo et al.,2010)。为了进一步探讨这一点,本研究在当前的研究中邀请了本科生和研究生参与。本科生被要求评估色情对自己和农民工的影响,而研究生则评估色情对自己和其他本科生的影响。农民工是那些为了更好的生活和工作机会而离开农村家乡前往城市的人群(Hesketh et al.,2008),他们在社会经济层面上处于较低的地位,常常成为社会歧视的对象(Guan & Jiang,2002;Huang,1995)。在本研究中,作者发现本科生与农民工之间的网络色情影响感知差异显著高于研究生与本科生之间。这一发现与预期相符,即本科生组与比较对象的感知差距要远大于研究生组,与西方的相关研究结果一致(Gibbon & Durkin,1995;Brosius & Engel,1996;Duck & Mullin,1995;White,1997)。

与预期不同,当前研究中,主观性知识和色情接触对第三人感知的影响是不显著的。在之前的研究中,学者们提到了学校环境中的"抵抗文化",校园文化倾向于反对主流的社会和文化规范,同时强调个体的独特性(Faiman-Silva,2002)。在中国背景下,尽管互联网色情的监管较为严格,但网络色情信息在年轻用户中的流行度仍然持续上升。研究数据显示,大部分大学生都曾访问过色情网站,浏览过相关的视频和图片内容(Zhou,2009;Wang & Tsang,2009)。由于色情内容的广泛传播,大学生可能认为其他同龄人也有较多的网络色情信息接触,与自己具有相似的性知识和性经验。

当前研究的另一个贡献是探讨了女性主义感知和性保守态度对第三人效

应的影响。研究生组中女性主义和性保守感知对第三人认知的影响是显著的，而在本科生组中两者的影响并不显著。相比于本科生，研究生的年龄跨度更大，也具有更多的性经验，因此对于女性主义、性保守观念的认知可能是更深刻的，也从侧面揭示出年龄对于第三人效应的影响。本研究表明，在评估网络色情影响时，保守的性观念会导致更大的自我—他人感知差异。在本科生和研究生的受访者中，女权主义的评分相对较高，对女权主义的接受突显了中国文化的转变。传统的父权制正在让位于性别平等，尤其是在年轻一代当中，此发现与先前的研究一致（Zhang et al. ，2003）。

尽管 1980 年后出生的中国人被认为更加自我，强调个性化的价值观念，本研究结果显示，年轻一代的集中主义感知倾向依然明显。这种集体观念的强调也可能源自大学生的特殊性，与普通人相比，大学生更有可能建立合作和亲密的关系；与中学生相比，他们建立了更广泛的校内外联系（Triandis & Gelfand, 1998）。对于关系的维护，也可能增加集体主义倾向。本研究发现集体主义对第三人感知没有显著影响。一个可能的解释是，集体主义观念反映了内部成员关系（如大学内的其他成员），而在评估网络色情时，其主要的评估对象是外部群体（校园之外的色情信息受众）。

本研究具有如下局限性。首先，网络色情信息的类型众多，笼统地讨论网络色情可能无法反映出数字媒体的快速发展。未来的研究应区分各种色情信息的形态，并在这些不同类别网络色情语境中验证第三人效应。其次，网络色情信息的负面性可能是一个变化的区间，并非所有人对其都持严厉批判的态度，未来研究可以将其负面影响的严重程度纳入第三人成因的探索当中。此外，大学生群体的认知水平、知识储备超过中国网民的平均水平，在低学历群体中进行采样可以更好地反映出网民认知的全貌。

● **参考文献** ···

Andsager, J. L. & White, A. H. (2009). *Self versus others: Media, messages, and the third-person effect*. Mahwah, NJ: Routledge.

Boyle, M. P., McLeod, D. M. & Rojas, H. (2008). The role of ego enhancement and perceived message exposure in third-person judgments concerning violent video games. *American Behavioral Scientist*, 52(2),165-185.

Braun-Courville, D. K. & Rojas, M. (2009). Exposure to sexually explicit web sites and adolescent sexual attitudes and behaviors. *Journal of*

Adolescent Health，45(2)，156-162.

Brosius，H. D. & Engel，D. (1996). The causes of third-person effects: Unrealistic optimism, impersonal impact, or generalized negative attitudes towards media influence. *International Journal of Public Opinion Research*，8(2)，142-162.

Brown，J. D. & L'Engle，K. L. (2009). X-rated sexual attitudes and behaviors associated with US early adolescents' exposure to sexually explicit media. *Communication Research*，36(1)，129-151.

Chen，M. (2012). A study on sexual knowledge and sexual attitude of college students. *Journal of Applied Ethics Teaching and Research*，7(1)，39-49.

Conners，J. L. (2005). Understanding third-person effect. *Communication Research Trends*，24(2)，3-22.

Cowan，G.，Chase，C. J. & Stahly，G. B. (1989). Feminist and fundamentalist attitudes toward pornography control. *Psychology of Women Quarterly*，13(1)，97-112.

Cowan，G. (1992). Feminist attitudes toward pornography control. *Psychology of Women Quarterly*，16(2)，165-177.

Davison，W. P. (1983). The third-person effect in communication. *Public Opinion Quarterly*，47(1)，1-15.

Duck，J. M. & Mullin，B. (1995). The perceived impact of the mass media: Reconsidering the third person effect. *European Journal of Social Psychology*，25(1)，77-93.

Faiman-Silva，S. (2002). Students and a "culture of resistance" in Provincetown's schools. *Anthropology & Education Quarterly*，33(2)，189-212.

Gibbon，P. & Durkin，K. (1995). The third person effect: Social distance and perceived media bias. *European Journal of Social Psychology*，25(5)，597-602.

Guan，X. P. & Jiang，M. Y. (2002). Basic life and health services for migrants in cities. In P. Li(Ed.)，*Peasant workers: economic and social analysis of peasant workers in the city*. Beijing，China: Social Sciences Documentation Publishing House.

Guerra, V. M., Gouveia, V. V., Sousa, D. M., Lima, T. J. & Freires, L. A. (2012). Sexual liberalism-conservatism: The effect of human values, gender, and previous sexual experience. *Archives of Sexual Behavior*, 41, 1027-1039.

Gunther, A. (1991). What we think others think: Cause and consequence in the third-person effect. *Communication Research*, 18(3), 355-372.

Gunther, A. C. (1995). Overrating the X-rating: The third-person perception and support for censorship of pornography. *Journal of Communication*, 45(1), 27-38.

Gunther, A. C. & Hwa, A. P. (1996). Public perceptions of television influence and opinions about censorship in Singapore. *International Journal of Public Opinion Research*, 8(3), 248-265.

Hannon, R., Hall, D., Gonzalez, V. & Cacciapaglia, H. (1999). Revision and reliability of a measure of sexual attitudes. *Electronic Journal of Human Sexuality*, 2.

Harris, R. J. & Barlett, C. P. (2009). Effects of sex in the media. In J. Bryant & M. B. Oliver(Eds.), *Media effects: Advances in theory and research*(pp. 304-324). New York, NY: Routledge.

Henrikson, L. & Flora, J. A. (1999). Third-person perception and children: Perceived impact of pro-and anti-smoking ads. *Communication Research*, 26(6), 643-665.

Hesketh, T., Ye, X. J., Li, L. & Wang, H. M. (2008). Health status and access to health care of migrant workers in China. *Public Health Reports*, 123 (2), 189-197.

Hofstede, G. (1980). *Culture's consequences: International differences in work-related values*. Beverly Hills, CA: Sage.

Hu, Y. W. & Wu, Y. C. (1998, August). *The "critics", "believers", and "outsiders" of election polls: Comparing characteristics of the third-person effect, first-person effect and consensus effect*. Paper presented at the annual meeting of the Association for Education in Journalism and Mass Communication, Baltimore, MD.

Huang, Z. X. (1995). The population problem in urban economic reform. *Population Periodicals*, 6, 1-4.

Hudson, W. W. & Murphy, G. G. (1998). Sexual attitude scale. In C. M. Davis(Ed.), *Handbook of sexuality-related measures* (pp. 83—84). Thousand Oaks, CA: Sage.

Innes, J. M. & Zeitz, H. (1988). The public's view of the impact of the mass media: A test of the "third-person" effect. *European Journal of Social Psychology*, 18(5), 457-463.

Jasper, M. C. (2009). *The law of obscenity and pornography* (2nd Ed.). Dobbs Ferry, NY: Oceana.

Joe, V., Brown, C. & Jones, R. (1976). Conservatism as a determinant of sexual experiences. *Journal of Personality Assessment*, 40 (5), 516-21.

Karakayali, N. (2009, September). Social distance and affective orientations. *Sociological Forum*, 24(3), 538-562.

King, G., Pan, J. & Roberts, M. E. (2013). How censorship in China allows government criticism but silences collective expression. *American Political Science Review*, 107(2), 326-343.

Krosnick, J. A. & Milburn, M. A. (1990). Psychological determinants of political opinionation. *Social Cognition*, 8(1), 49-72.

Kulick, D. (2005). Four hundred thousand Swedish perverts. *GLQ: A Journal of Lesbian and Gay Studies*, 11(2), 205-235.

Lambe, J. L. & Shah, D. V. (1999, August). *Hate speech and the third-person effect: Susceptibility, severity, and the willingness to censor*. Paper presented at the annual conference of the Association for Education in Journalism and Mass Communication, New Orleans, LA.

Layden, M. A. (2010). Pornography and violence: A new look at the research. *The social costs of pornography: A collection of papers*, 57-68.

Lee, B. & Tamborini, R. (2005). Third-person effect and Internet pornography: The influence of collectivism and Internet self-efficacy. *Journal of Communication*, 55(2), 292-310.

Leth, I. (2005). Child sexual exploitation from a global perspective. In

R. J. Estes, V. I. Vieth, S. Cooper, A. P. Giardino and N. D. Kellogg (Eds.), *Medical, legal, & social science aspects of child sexual exploitation: A comprehensive review of pornography, prostitution, and Internet crimes* (Chapter 3). St. Louis, MO: GW Medical Publishing.

Levin, D. (2013, November 27). With Glut of Lonely Men, China Has an Approved Outlet for Unrequited Lust. *The New York Times*. Retrieved March 26, 2015, from http://www.nytimes.com/2013/11/27/world/asia/with-glut-of-lonely-men-china-has-an-approved-outlet-for-unrequited-lust.html.

Li, Y. (2014). Sex in 60 years in China. *National Humanity History*, 4, 100-101.

Liang, B. & Lu, H. (2012). Fighting the obscene, pornographic, and unhealthy: An analysis of the nature, extent, and regulation of China's online pornography within a global context. *Crime Law Social Change*, 58 (2), 111-130.

Lo, V. (2000). Influences of negative media content and social distance on third-person perception. *Journalism Research (Taiwan)*, 65, 95-129.

Lo, V. & Wei, R. (2002). Third-person effect, gender, and pornography on the Internet. *Journal of Broadcasting & Electronic Media*, 46(1), 13 -33.

Lo, V. & Wei, R. (2005). Exposure to Internet pornography and Taiwanese adolescents' sexual attitudes and behavior. *Journal of Broadcasting & Electronic Media*, 49(2), 221-237.

Lo, V., So, C. Y. & Zhang, G. (2010). The influence of individualism and collectivism on Internet pornography exposure, sexual attitudes, and sexual behavior among college students. *Chinese Journal of Communication*, 3(1), 10-27.

Lo, V. & Paddon, A. (2001). Third-person effect, gender differences, pornography exposure and support for restriction of pornography. *Asian Journal of Communication*, 11(1), 120-142.

Lo, V. & Wei, R. (2002). Third-person effect, gender, and pornography on the Internet. *Journal of Broadcasting & Electronic Media*, 46(1), 13-33.

Lo，V.，Wei，R.，So，C. & Zhang，G. (2013). The influence of third-person effects on support for restrictions of Internet pornography among college students in Shanghai and Hong Kong. In F. Lee，L. Leung，J. Qiu and D. Chu(Eds.)，*Frontiers in New Media Research* (pp. 191-204). New York，NY：Routledge.

Lu，L. (2008). The individual-oriented and social-oriented Chinese bicultural self：Testing the theory. *Journal of Social Psychology*，148(3)，347-373.

Markus，H. R. & Kitayama，S. (1991). Culture and the self：Implications for cognition，emotion，and motivation. *Psychological Review*，98(2)，223-253.

McLeod，D. M.，Eveland，W. P. & Nathanson，A. I. (1997). Support for censorship of violent and misogynic rap lyrics：An analysis of the third-person effect. *Communication Research*，24(2)，153-174.

Mills，J. & Clark，M. S. (1982). *Review of personality and social psychology*. Beverly Hills，CA：Sage.

Mou，Y.，Wu，K. & Atkin，D. (2013b，Aug). *Inside and outside of the "Great Firewall"：The knowledge gap hypothesis revisited in a censored online environment*. Paper presented at the annual conference of Association for Education in Journalism & Mass Communication，Washington，D. C.

Mou，Y.，Wu，K. & Atkin，D. (2014). Understanding the use of circumvention tools to bypass online censorship. *New Media & Society*，16，1-20.

O'Donnell，I. & Milner，C. (2007). *Child pornography：Crime，computers and society*. New York，NY：Routledge.

Paasonen，S. (2009). Healthy sex and pop porn：Pornography，feminism and the Finnish context. *Sexualities*，12(5)，586-604.

Paek，H. J.，Pan，Z. D.，Sun，Y.，Abisaid，J. & Houden，D. (2005). The third-person perception as social judgment：An exploration of social distance and uncertainty in perceived effects of political attack ads. *Communication Research*，32(2)，143-170.

Perloff, R. M. (1999). The third person effect: A critical review and synthesis. *Media Psychology*, 1(4), 353-378.

Price, V., Huang, L. N. & Tewksbury, D. (1997). Third-person effects of news coverage: Orientations toward media. *Journalism & Mass Communication Quarterly*, 74(3), 525-540.

Procida, R. & Simon, R. J. (2003). *Global perspectives on social issues: Pornography*. Lanham, MD: Lexington Books.

Reuters. (2014, April 21). China steps up purge of online porn amid wider censorship push. *Reuters*. Retrieved March 26, 2015, from http:// www. reuters. com/article/2014/04/21/us - china - internet - pornography - idUSBREA3K07B20140421.

Robert, H., Zuckerman, E. & Palfrey, J. (2011). 2011 circumvention tool evaluation. *The Berkman Center for Internet & Society at Harvard University*. Retrieved March 26, 2015, from http://cyber. law. harvard. edu/sites/cyber. law. harvard. edu/files/2011 _ Circumvention _ Tool _ Evaluation_1. pdf.

Rojas, H., Shah, D. V. & Faber, R. J. (1997). For the good of others: Censorship and the third-person effect. *International Journal of Public Opinion Research*, 8(2), 163-186.

Rucinski, D. & Salmon, C. T. (1990). The 'other' as the vulnerable voter: A study of the third-person effect in the 1988 U. S. presidential campaign. *International Journal of Public Opinion Research*, 2 (4), 345-368.

Salwen, M. B. & Driscoll, P. D. (1997). Consequences of third-person perception in support of press restrictions in the O. J. Simpson trial. *Journal of Communication*, 47(2), 60-78.

Salwen, M. B. & Dupagne, M. (2001). Third-person perception of television violence: The role of self-perceived knowledge. *Media Psychology*, 3(3), 211-236.

Salwen, M. B., Dupagne, M. & Paul, B. (1998). *Perception of media power and moral influence: Issue legitimacy and the third-person effect*. Paper presented to the Communication Theory and Methodology

Division，Association for Education in Journalism and Mass Communication，Baltimore，MD.

Scharrer，E. & Leone，R.（2006）．I know you are but what am I? Young people's perceptions of varying types of video game influence. *Mass Communication & Society*，9（3），261-286.

Slayden，D.（2010）．Debbie does Dallas again and again：Pornography，technology，and market innovation. In F. Attwood（Ed.），*Porn. com：Making sense of online pornography*（pp. 54-68）．Bern，Switzerland：Peter Lang.

Spence，J. T.，Helmreich，R. & Stapp，J.（1973）．A short version of the attitudes toward women scale（AWS）．*Bulletin of the Psychonomic Society*，2（4），219-220.

Tewsbury，D.（2002）．The role of comparison group size in the third-person effect. *International Journal of Public Opinion Research*，14（3），247-263.

Thorson，E. & Coyle，J.（1984）．The third person effect in three genres of commercials：Product and greening ads，and public service announcements. In K. King（Ed.），*Proceedings of the American Academy of Advertising*（pp. 103-112）．Athens，GA：University of Georgia.

Tiedge，J. T.，Silverblatt，A.，Havice，M. J. & Rosenfeld，R.（1991）．Discrepancy between perceived first-person and perceived third-person mass media effects. *Journalism Quarterly*，68（1-2），141-154.

Tong，R.（1987）．Women，pornography，and the law. *Academe*，14-22.

Triandis，H. C.（2001）．Individualism-collectivism and personality. *Journal of Personality*，69（6），907-922.

Triandis，H. C. & Gelfand，M. J.（1998）．Converging measurement of horizontal and vertical individualism and collectivism. *Journal of Personality and Social Psychology*，74（1），118-128.

Tuchman，G.（1979）．Women's depiction by the mass media. *Signs*，4（3），528-542.

Wang，P. & Tsang，F.（2009）．The influence of Internet pornography and sexual education on college students: A comparative analysis. *Chinese Sex Science*, 18(3), 7-12.

White, H. (1997). Considering interacting factors in the third-person effect: Argument strength and social distance. *Journalism and Mass Communication Quarterly*, 74(3), 557-590.

Willnat, L. (1996). Mass media and political outspokenness in Hong Kong: Linking the third-person effect and the spiral of silence. *International Journal of Public Opinion Research*, 8(2), 187-212.

Wright, P. J. & Randall, A. K. (2012). Internet pornography exposure and risky sexual behavior among adult males in the United States. *Computers in Human Behavior*, 28(4), 1410-1416.

Wu, G. (2009). In the name of good governance: E-government, Internet pornography and political censorship in China. In X. Zhang & Y. Zheng (Eds.), *China's information and communications technology revolution: Social changes and state responses* (pp. 68-85). New York, NY: Routledge.

Wu, W. & Koo, S. H. (2001). Perceived effects of sexually explicit internet content: The third-person effect in Singapore. *Journalism and Mass Communication Quarterly*, 78(2), 260-274.

Youn, S., Faber, R. J. & Shah, D. V. (2000). Restricting gambling advertising and the third-person effect in Singapore. *Psychology & Marketing*, 17(7), 633-649.

Zhang, X. G., Zheng, X. & Wang, L. (2003). Comparative research on individual modernity of adolescents between town and countryside in China. *Asian Journal of Social Psychology*, 6(1), 61-73.

Zhou, Z. Y. (2009). The negative influence of Internet culture on contemporary college students. *Popular Literature and Arts*, 9, 182-183.

第八章

研究实例 2:理解互联网隐私风险中的第三人效应

互联网隐私安全是全球日益关注的问题。互联网改变了私人信息的呈现、交换和存储方式,人们在社交媒体、电子商务网站、搜索引擎、电子邮件和其他服务提供商上留下了无数的数字信息。互联网的出现为社交互动、商务和娱乐提供了便利,但也允许不法分子使用先进的黑客程序在几秒钟内收集数百万条私人账户信息,这对隐私安全构成了严重挑战(Li,Sarathy & Xu,2010;Smith,Dinev & Xu,2011)。隐私侵犯会带来严重的财产损失,根据美国的互联网犯罪投诉中心数据,2017年因互联网诈骗报告的财务损失超过14.2亿美元。隐私侵犯的另一个后果涉及人际关系冲突,未经授权访问个人账户可能导致不当的评论和发布,可能引发与在线人际冲突,损害用户的声誉,并丧失社交机会(Zittrain,2008)。

先前研究发现,尽管一些互联网用户表示高度关注隐私,但他们仍然愿意为了社交互动和在线购物的便利而披露私人信息(Norberg,Horne & Horne,2007;Young & Quan-Haase,2013)。部分理性的互联网用户认为自己能够理性地评估隐私风险,并采取保护措施(Millham & Atkin,2018)。多数用户简单地认为他们不会遭遇负面的隐私体验,相比于自己,其他人更有可能成为受害者(Li,2008;Millham & Atkin,2018)。这种乐观的看法可能导致人们降低采取保护措施的意愿,并增加他们在未来的数字风险。

在传播研究中,此种认知偏见被称为第三人效应。起源于传统的大众传媒研究,理论的提出者戴维森认为,人们普遍认为大众传媒的负面内容对他人的影响大于对自己的影响（Davison，1983）。将第三人理论扩展到互联网隐私风险的语境中，人们倾向于认为其他人更有可能受到隐私威胁的影响（Cho，Lee & Chung，2010；Lo & Wei，2002）。关于互联网隐私风险的第三人认知是互联网用户采取保护策略的主要障碍之一。现有研究表明，互联网安全保护策略的采纳率相对较低（Millham & Atkin，2018）。为了促使人们采纳隐私保护措施，了解第三人认知的现状和前因具有重要的理论和实践意义。

基于第三人效应理论，本研究开发出一个三阶段模型，包括：（1）五个互联网隐私风险第三人认知的前因——社会距离、互联网隐私风险的不受欢迎程度、先前的负面隐私经验、关于在线隐私安全的知识以及不安全的互网络使用行为；（2）互联网隐私风险的第三人认知；（3）个人采纳隐私保护措施的动机、将其推荐给他人的动机。本研究从理论上为互联网研究做出了三方面的贡献：首先，本研究将第三人效应引入互联网隐私研究领域；其次，本研究试图厘清第三人认知与行为意图之间的关系，有助于说服更多的人严肃地对待网络隐私威胁；再次，本研究探索了更多第三人认知可能的成因，为理论的发展做出了贡献。

文献综述

第三人效应

第三人效应理论是在传统大众媒体的背景下发展起来的。戴维森（1983）的开创性研究发现，大学生在评估大众媒体的影响时，对自己和他人的认知持有不同的看法。受访者普遍认为，负面的媒体信息如政治广告，对他人的影响比对自己更大。这项研究的核心是第三人感知，即人们认为媒体对他人的影响大于对自己的影响。正如戴维森（1983）所指出的，观众通常认为媒体信息对"我"和"你"没有太大的影响，但对"他们"有很大的影响。多项研究都支持了第三人感知的存在，例如，Paul等（2000）进行的一项元分析整理了32项研究，这些研究验证了色情、政治新闻、暴力媒体内容和视频游戏中，第三人效应是显著的。早期的相关研究主要集中在传统大众媒体的负面媒体内容上，随后研究者将第三人效应扩展到互联网语境中，同样发现人们认为互联网色情对他人的负面影响大于对自己的影响（Lee & Tamborini，2005；Lo & Wei，

2002，2005；Wu & Koo，2001）。第三人效应在不同的媒介平台上被广泛证实。

第三人效应在互联网隐私研究中的探索非常有限。Debatin 等（2009）发现，尽管人们对互联网隐私表示关切，但他们仍然愿意在线上传大量个人数据，因为他们认为相关的隐私风险只与他人有关。这一研究具有一定的启示性，该研究使用了定性访谈方法，并没有量化的测试，受限于访谈样本的有限性，认知偏见的普遍性无从得知。Cho 等（2010）发现，当受访者认为自己对隐私安全有很强控制力时，此类互联网用户更倾向于认为其他人更容易受到在线隐私风险的威胁。在另一项研究中，Li（2008）发现，计算机技能较强的受访者认为自己对互联网隐私有更大的控制权，而其他人则无法有效地保护隐私安全。这两项研究的局限性在于，第三人认知的成因是不确定的。

本研究在互联网隐私的背景下验证了第三人感知，要求受访者评估互联网隐私风险对自己和他人的影响。基于第三人效应的核心概念，本研究假设他人的数字风险感知大于自己。

H1：人们认为他人的互联网隐私风险大于自己。

第三人效应的行为部分认为，媒体效果的偏见认知可能导致人们产生限制负面媒体影响的行为意图（Jeffres，Neuendorf，Bracken & Atkin，2008）。戴维森（1983）认为，个体往往认为其他人可能会受到媒介负面信息的强烈影响，产生负面的社会后果。当人们拥有高第三人感知时，他们倾向于支持对相关媒介信息的审查，但拒绝改变自己的媒体使用习惯（Jeffres et al.，2008；Paul et al.，2000；Wu & Koo，2001；Xu & Gonzenbach，2008；Youn，Faber & Shah，2000）。

现有关于第三人效应行为部分的研究，重点聚焦于支持对于媒体负面信息的审查和监管（Paul & Shim，2006）。在电视、广播、报纸这样的传统媒体中，由于媒介信息渠道相对有限，政府在制定内容评级制度和执行审查政策方面发挥了核心作用。但是随着互联网的出现，人们对于网络技术高度依赖，其已经渗透到社会生活的方方面面，网络隐私保护依赖于个人对隐私风险的主观判断，进而采纳有效的防御手段（Li，2008）。因此本研究推断，当互联网隐私风险的第三人认知较高时，人们可能会高估互联网隐私风险对他人的影响，更愿意向他人推荐隐私保护的方法和手段；反之，当第三人认知较低时，个体可能会意识到隐私风险，并更愿意加强自己的隐私保护。基于以上推论，本研究做出如下假设：

H2:互联网隐私风险的第三人认知正向预测人们向他人推荐隐私保护措施的意愿。

H3:互联网隐私风险的第三人认知负向预测人们自己采纳线上隐私保护措施的意愿。

第三人效应理论诞生于传统大众媒体的背景,已经得到了广泛的研究和证实,但在互联网隐私的背景下,这一理论的应用仍然相对较少。人们在社交媒体、电子商务网站、搜索引擎和电子邮件中留下了诸多信息都可能涉及个人信息,这些都可能成为隐私泄露的风险点。尽管有些互联网用户对隐私表示高度关切,但他们仍然愿意为了方便社交互动和在线购物的折扣而披露私人信息。这种看似矛盾的行为可能是由于他们对自己的隐私风险的乐观估计,认为他们不太可能遭受隐私侵犯,而其他人更有可能成为受害者。第三人认知可能导致人们减少采取保护措施的意愿,从而增加他们在未来面临的隐私风险。为了促使人们采纳隐私保护措施,了解第三人认知的现状、成因、行为影响至关重要。

第三人感知的成因探索

社会距离反映了不同背景个体之间的认知差异,与社会距离的增加相伴的是自我与他人之间感知差异的增大(Karakayali,2009)。研究者将这一现象归因于人们对不熟悉的个人或群体的不确定性感知(Paek et al.,2005;Schreiner et al.,2018)。现有研究发现,当被比较对象是与自己关系疏远的其他人时,自我—他人的认知差距显著增加(Andsager & White,2009);当个人与亲密的朋友对比时,第三人认知显著减少(Lee & Park,2016)。现有研究关于社会距离的一个主要局限性是缺乏系统的实证测量,个人与他人的社会心理距离大多依据于常识的推断。

鉴于这一局限性,本研究引入了博加杜斯社会距离量表来测量自我与他人的社会距离。该量表最初是为了测量美国社会中的种族群体的接受度而设计的,反映了自我与他人之间的不同程度的亲近性。社会距离量表包含七个类别,包括通过婚姻、血缘形成的关系、亲密的个人朋友、同一街道的邻居、同一职业的同事、本国的公民和永久居民、本国的国际访客。在当前的研究中,"其他人"被划分为上述七个类别,我们的推断互联网隐私风险的第三人认知随着社会距离的疏远而增加。

H4:社会距离正向预测互联网隐私风险的第三人认知。

媒体内容的负面性是第三人认知的另一个预测因子,反映了媒体观众对所接收信息的否定态度(Jensen & Hurley,2005;Lim,2017)。当媒体信息被认为是负面的,人们倾向于认为自己受到的影响较小,而其他人更有可能受到影响(Boyle,McLeod & Rojas,2008)。例如,研究发现,玩暴力视频游戏的人通常认为暴力游戏不会影响自己,但会增加其他玩家的言语和身体攻击行为(Boyle et al.,2008)。当媒体内容被认为是亲社会的,第三人效应会消失,甚至是逆转为第一人效应。研究者发现,观看禁烟公益广告后,观众认为此类广告对自己的影响更大,即自己更可能产生反对吸烟的态度,并配合禁烟的各项规定(Henriksen & Flora,1999)。现有研究的一个主要局限性是研究者对媒体信息负面属性是基于常识进行判断的,但是人们的态度往往并非两分的判断,而更可能是一个态度的区间(Chock,2006;Chock,Fox,Angelini,Seungjo & Lang,2007)。媒体用户对同一媒体信息可能持有不同的看法,例如,积极的新闻读者认为来自知名机构的新闻是有益的,而非读者无法判断新闻的质量(Eveland & McLeod,1999)。

在负面媒介信息的感知中,观众对于负面媒介信息的反感程度也可能存在一定差异。本研究用实证方法测量了此种态度,可以更好评估人们对隐私入侵风险的严重性的看法。

H5:互联网隐私风险的威胁感知正向预测在线隐私风险的第三人认知。

有关互联网隐私风险的主观知识也会助推第三人认知的产生。主观知识指的是个体对某个问题的熟悉程度(Nunes et al.,2011),这种理解可能来自于媒体报道、教育经历和个人的生活和职业经验。媒体的资深观众和读者,例如报纸评论文章的读者,更倾向于认为其他人对政治问题的理解是肤浅的,其他人更容易被政治宣传所左右。对于爱好美妆的女性受众,他们往往对于自己的美白、护肤知识更为自信,认为他人的购买决策可能更容易受到广告的影响(Eisend,2017)。

现有研究发现,主观知识(并非实际掌握的客观知识)对第三人认知的产生具有更大影响(Salwen & Dupagne,2001)。在 20 世纪 80 年代,研究者将美苏冷战的最新进展和人们的主观知识进行了对比研究,发现主观上认为自己很了解这一话题的人呈现出较强的第三人认知,认为普通公众很容易受到政治宣传的误导。另一项研究发现,主观知识水平越高,人们越可能认为自己优于他人(Salwen & Driscoll,1997)。

在本研究中，主观知识是指人们对互联网隐私风险的掌握程度，如病毒攻击、黑客攻击、身份盗窃、信用卡盗窃、隐私侵犯和网络骚扰的主观理解。基于现有的理论和文献，作者假设：

H6：互联网隐私风险的主观知识正向预测互联网隐私风险的第三人感知。

第三人感知的另一个重要前因是负面的网络隐私经历，指一个人在过去遭受过的在线身份盗窃、财务损失和关系冲突等（Debatin et al. ，2009）。在网络隐私失窃发生后，不法团体登录个人银行账号可能导致重大的经济损失，而未经授权登录到社交媒体账户可能导致潜在的关系冲突。相比于没有负面经历的人，曾经遭受隐私损失的用户往往对网络隐私风险非常警觉。这是因为人们通常基于以往经历形成对世界的理解，并预测未来的决策和行为（Cho et al. ，2010）。负面经历可能会打破人们的第三人认知，发现自己会和他人遭受相似的隐私风险威胁，自己与他人并无显著的区别（Helweg-Larsen & Shepperd，2001）。

在互联网的使用过程中，一个人对隐私风险的感知随着负面的经历出现而显著增加。例如，研究人员发现，个人社交媒体被盗号的用户会更加敏感，他们更谨慎地在网络上披露个人信息（Madden，2014），并认为网络风险与自己紧密相关（Metzger & Suh，2017；Petronio，2002）。本研究将网络隐私负面经历操作为五个方面：（1）在线盗窃财务资产，导致金钱损失和其他冲突；（2）接收垃圾邮件，未知来源的团体对于个人信息的索取（Wainer，Dabbish & Kraut，2011）；（3）未经授权访问社交媒体、邮箱等个人账户，导致与朋友的关系冲突；（4）遭受网络骚扰的经历；（5）接收到陌生的网络好友邀请（Kenneally & Claffy，2010）。基于上述文献和第三人效应，本书预测负面的在线隐私经验与第三人感知呈负相关。

H7：负面的在线隐私经验负向预测对互联网隐私风险的第三人感知。

考虑到知识的积累是一个纵向过程，活跃的媒体观众往往认为其他不经常使用媒介的群体缺乏判断力（Stefanita et al. ，2018）。在传统大众传媒的研究中，已经发现媒体使用与第三人感知之间存在相关性，但在互联网上并未发现这种关联（Jeffres 等，2009）。与传统媒体相似，人们使用互联网来跟进新闻报道；不同之处在于，互联网为用户提供了大量的媒体信息供他们选择。网络用户更频繁地进行信息交换，随着使用经历的增加，网民的各种操作能力也会逐步提升。熟练的互联网技能会增加用户对于信息安全的掌控感，认为自身不会遭遇网络隐私失窃。

本研究重点关注两类网络使用行为：在线信息搜索和在线新闻阅读。在线信息搜索是指使用互联网搜索与信息安全相关的有用信息；在线新闻阅读是指互联网用户查看关于网络隐私问题的文字信息和视音频信息。用户对在线信息搜索和新闻接触得越多，他们就越有可能了解隐私风险的威胁，进而强化第三人效应。基于上述的理论和文献，本研究假设：

H8：互联网使用经历正向预测对网络隐私风险的第三人感知。

研究方法

样本选取

该调查数据是在 2016 年 11 月通过 Amazon Mechanical Turk 收集的。Amazon MTurk（www.MTurk.com）是一个创新的众包调查平台服务，它包含一个参与者补偿系统，在全球范围内拥有数十万的订阅者，这使得研究者可以便捷地设计调查研究、招募参与者并收集量化数据（Buhrmester et al.，2011），本研究的有效样本量为 613。在提交问卷之前，要求受访者完成所有的调查项目，因此没有收录到缺失数据。过去的研究表明，从 MTurk 样本中得到的数据质量可靠，与传统的数据来源质量相当（Paolacci et al.，2010；Buhrmeister，2011；Horton et al.，2011）。

本研究将一系列社会人口统计因素作为控制变量，包括年龄、性别、教育、种族、家庭收入和就业状况。受访者的平均年龄为 35.69 岁，超过一半的受访者是男性（54.16％）。受访者种族分布如下：非西班牙裔白人（74.71％）、西班牙裔（7.50％）、亚裔（7.50％）、非洲裔美国人（7.34％）以及其他种族/混合种族（6.04％）。大多数受访者家庭年收入在 20,000 美元到 60,000 美元之间，约 82％受访者有兼职或全职工作。学历背景如下：大学毕业（40.95％）、有大学未毕业（31.16％）、研究生学历（8.97％）、技术学校学历（7.67％）、高中毕业（10.77％）、高中未毕业（0.33％）和中学及以下（0.67％）。

表 8-1　描述性统计分析

	均值/百分比	标准差	最小值	最大值
年龄	35.69	10.97	19	72
性别(男)	54.16%			
种族				
白人	74.71%			
西班牙裔	7.50%			
亚裔	7.50%			
非裔	7.34%			
其他种族	6.04%			
年收入	2.89	1.46	1	6
1=低于 $20,000	15.99%			
2=$20,001—$40,000	32.30%			
3=$40,001—$60,000	22.02%			
4=$60,001—$80,000	14.03%			
5=$80,001—$100,000	7.50%			
6=高于 $100,001	8.16%			
学历	5.28	1.12	1	7
1=小学	0.16%			
2=初中	0.33%			
3=高中	10.77%			
4=职业学校	7.67%			
5=专科	31.16%			
6=大学本科	40.95%			
7=研究生	8.97%			
工作状况	2.45	0.78	1	3
1=无工作	18.11%			
2=兼职工作	18.92%			
3=全职工作	62.97%			

变量测量

互联网隐私风险的感知

根据之前关于第三人效应的量化研究（Cho et al.，2010；Li，2008），本研究使用两个题项测量了感知的互联网隐私风险。自我隐私风险感知的题目为："你认为自己的互联网隐私信息有多大失窃风险？"，他人隐私风险感知的题目为："你认为其他人的互联网隐私信息有多大失窃风险？"回答范围从1（完全没有风险）到7（很大的风险）。在此测量中，"其他人"指一般意义的其他人，不定义具体的背景。调查结果表明，其他人的互联网隐私风险感知（M＝5.59，SD＝1.15）高于对自己的风险感知（M＝5.03，SD＝1.40）。本研究中，以他人的感知风险减去自己的感知风险计算出第三人感知数值，数值越高表示他人—自我风险感知差异越大（M＝0.55，SD＝1.03）。

向他人推荐隐私保护措施的意愿

本研究使用一个题项来测量受访者向他人推荐隐私保护措施的意愿，回应范围从1（完全不可能）到7（非常可能）。超过一半的受访者（63.62％）称他们有意愿向他人推荐隐私保护措施（M＝5.09，SD＝1.37）。

自己采取隐私保护措施的意愿

本研究使用单一题项来测量此变量，受访者回应范围从1（完全不可能）到7（非常可能）。超过一半的受访者报告愿意为自己采取隐私保护措施（M＝5.00，SD＝1.47）。

社会距离

基于博加杜斯社会距离量表，本研究将"其他人"分为以下七个类别：（1）亲属或婚姻关系的近亲；（2）亲密的个人朋友；（3）同一组织的同事；（4）同一职业或同一教育水平的人；（5）本国的公民和永久居民；（6）美国的访客；（7）美国以外的人。较低的分数代表更近的社会联系，作者要求受访者对每组"其他人"的互联网隐私感知风险进行评价。回应范围从1（完全没有风险）到7（很大的风险），结果在表8-2中呈现。

互联网隐私风险的威胁感知

根据之前的研究（Crossler，2010；La Rose & Rifon，2007；Mohamed & Ahmad，2012），此变量通过以下四个题项测量：（1）我认为通过互联网隐私失窃有严重的社会影响；（2）互联网信息被盗取会导致很多麻烦；（3）线上隐私照片失窃是一个严重的问题;(4)未经个人授权进入账户(如社交网站、个人财务账户等)会带来严重的后果。受访者回应是基于七级李克特量表,范围从1(强烈不同意)到7(强烈同意)。大多数受访者同意网络侵犯对互联网用户的个人数据安全构成了重大威胁,量表的信度符合预期($M=6.13$, $SD=0.93$; Cronbach's $\alpha=0.83$)。

主观互联网隐私安全知识

根据之前的研究(Li,2008),本研究使用六个题项来测量主观互联网隐私安全知识,题目包括对病毒攻击、黑客攻击、身份盗窃、信用卡盗窃、隐私侵犯和在线骚扰的主观理解。受访者回应范围从1(一无所知)到7(非常了解),量表的可靠性是符合预期的($M=5.08$, Cronbach's $\alpha=0.93$)。

负面的在线隐私经历

根据之前的研究,本研究使用四个项目来测量负面的在线隐私经历(Cho et al.,2010),包括在线经济损失、在线接收垃圾推销广告、隐私失窃导致的在线冲突、在线被骚扰的经历(Kenneally & Claffy,2010)。超过九成的受访者报告了至少一种线上负面隐私经历,45.19%曾经遭受过在线经济损失,87.77%接收了垃圾推销广告,36.70%在网上被骚扰或欺凌,88.58%的受访者经历过个人账号被盗。

表 8-2 自变量与因变量的描述性统计分析

	均值/百分比	方差	最小值	最大值
第三人感知				
网络隐私风险对自我的影响	5.03	1.40	1	7
网络隐私风险对他人的影响	5.59	1.15	1	7
他人—自我感知差异	0.55	1.03	1	6
第三人效应的行为部分				
自我采纳防护行为的意愿	5.00	1.47	1	7
推荐防护行为给他人的意愿	5.09	1.37	1	7
不同社会距离的比较组				
(1)亲人	5.13	1.37	1	7
(2)朋友	5.18	1.38	1	7
(3)同事	5.21	1.37	1	7

续表

	均值	方差	最小值	最大值
（4）同一职业和学历的其他人	5.28	1.34	1	7
（5）其他生活在美国的国民	5.62	1.28	1	7
（6）来美国旅行或访问的人	5.43	1.25	1	7
（7）居住在其他国家的人	5.70	1.19	1	7
主观网络隐私知识	5.08	1.28	1	7
负面网络隐私经历				
网络诈骗损失	45.19%			
不需要的网络推广信息	87.77%			
网络骚扰	36.70%			
网上关系冲突	88.58%			
网络使用行为				
网上信息检索	6.01	1.11	1	7
网络新闻阅读	5.62	1.28	1	7

互联网使用经历

本研究测量了两种类型的互联网使用行为——在线信息搜索和新闻获取。在线信息搜索是指在网上搜寻关于互联网隐私信息的频率，在线新闻获取指在不同的平台上阅读和查看有关互联网隐私侵犯新闻的频率（如门户网站、新闻网站、社交媒体和博客）。受访者回答范围从1（从不）到7（非常频繁）。

分析过程

本研究通过 *t* 检验来比较对他人和自己的互联网隐私风险的感知（H1）。为了测试社会距离对第三人感知的影响，本研究使用 ANOVA 的重复测量来测试七个类别的"他人"的第三人感知（H4）。研究使用多层结构方程模型（SEM）来测试提出的假设模型，该模型包括三个部分：第三人感知的四个前因（不包括社会距离），第三人感知，第三人相关的行为意图。本研究使用卡方、比较拟合指数(CFI)和均方根误差近似值(RMSEA)来测量整体模型的拟合度。

研究结果

H1 假设对他人的互联网隐私风险的感知大于自己。此研究使用了双样本 t 检验($t=13.33$, $p<0.001$)，结果表明对其他人的风险感知显著高于对自己的风险感知，H1 得到了支持。

H4 假设第三人感知应随社会距离的疏远而增加。重复测量 ANOVA 的结果支持了此假设的结果($F=(1, 5.243)$, $p<0.001$)，七个比较组的第三人感知随社会距离增加而升高。唯一的例外是，第 5 组(本国的公民和永久居民)的得分高于第 6 组(来美国的访客)。因此，H4 得到了部分支持。

本研究使用路径模型来测试其余的假设，模型的拟合符合预期($\chi^2=24.11$; RMSEA$=0.026$; CFI$=0.969$)，路径分析的结果在图 8-1 中呈现。H2 假设互联网隐私的第三人感知正向预测向他人推荐隐私保护措施的动机，此效果在模型中是显著的($\beta=0.50$, $p<0.001$)，H2 得到了支持。H3 预测互联网隐私的第三人感知与自己采纳隐私保护措施的意愿呈负相关，该效果是显著的($\beta=-0.25$, $p<0.001$)(见图 8-1)，与 H3 预期一致。

H5 假设互联网隐私风险的感知威胁与网络隐私风险的第三人感知正相关，从图 8-1 中可以看出，该效果($\beta=-0.00$, $p=0.92$)不显著。H6 假设主观互联网隐私知识与第三人感知正相关，模型测试表明，主观知识的影响是显著的($\beta=0.11$, $p<0.05$)，H6 得到了支持。H7 预期之前的负面在线隐私经验导致互联网隐私风险的第三人感知降低。从图 8-1 中可以看出，遭受在线骚扰或欺凌的经历的效果是显著的($\beta=-0.08$, $p<0.05$)，而其他三种类型的负面经历——在线经济损失($\beta=-0.03$)、接收到垃圾推销广告($\beta=-0.02$)、账号失窃导致的关系冲突经历($\beta=0.07$)效果均不显著，H7 得到了部分支持。H8 提出互联网使用经历与互联网隐私风险的第三人感知呈正相关，在线信息搜索的影响是显著的($\beta=0.10$, $p<0.05$)，而在线新闻获取的效果不显著($\beta=-0.04$)(见图 8-1)，H8 得到了部分支持。

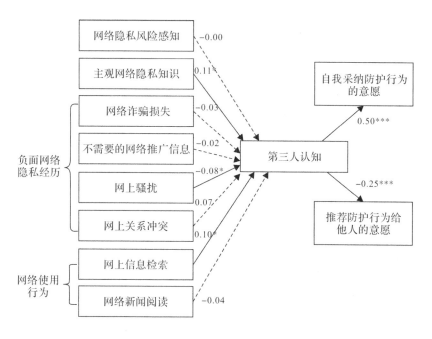

图 8-1　路径分析结果

结论与讨论

这项研究旨在从第三人效应理论的角度，深化对互联网隐私风险感知的理解。过去十年，我们见证了网络攻击的指数级增长，从被盗的在线账户到通过互联网诈骗造成的经济损失（Madden，2014）。对于个人互联网用户，隐私保护可以通过更改密码、避免发布敏感信息、定期清除缓存记录来实现。但实际上，大部分网络用户往往低估了风险，并没有采取保护措施的意愿（Debatin et al.，2009）。当前研究揭示了用户在评估在线隐私威胁时，形成的自我-他人差异化感知。研究结果支持了第三人效应的基本观点，表明在互联网风险认知中存在明显的认知偏见。在第三人效应提出后的 30 年里，媒体环境发生了巨大的变化，但第三人感知仍然存在。网络技术的进步制造了一个幻觉，即用户可以有效地控制在线隐私安全，然而事实上，网络风险无处不在。

第三人效应的行为部分提出，媒体效果的第三人感知会增加支持负面媒介信息监管的意图（Davison，1983）。当前研究发现，第三人感知正向预测了人们向他人推荐互联网隐私保护措施的意愿，并负向预测了他们采纳保护措施的意愿。与传统媒体审查不同,互联网使用中的风险需要用户个人来进行防护,网络使用的熟练程度对隐私保护的结果会产生明显的影响。本研究显示,互联网隐私风险的第三人感知是采纳保护措施的重要障碍之一。那些拥有高第三人感知的人倾向于相信,自己已经掌握了有效的防御策略,不处于隐私侵犯的风险之中。与色情审查研究类似,当前研究发现第三人感知正面预测了向他人推荐保护措施的意愿。当媒体内容被视为负面时,更有可能向他们熟悉的人推荐保护措施,此发现揭示了人际沟通对于网络风险传播的价值。

先前的第三人研究基于常识来判定自我与他人的社会距离(McLeod 等,1997)。本研究比较了 7 组他人群体,发现互联网隐私风险的第三人感知随着社会距离的增加而增加。只有一个例外,第 5 组(美国的公民或永久居民)的第三人感知大于第 6 组(美国的访客)。一个合理的解释是,受访者可能认为国际旅行者能够承担长途旅行费用,会比一般的美国普通居民更富有、受过更好的教育,并且生活得更好。受访者还可能认为,美国的大部分访客都来自于经济较发达的国家,相比于美国,这些国家实施了更严格的隐私规定。当比较其他美国人和其他国家的公民时,人们可能会发现很难定义这些“其他人”是谁。一个外国人可能是来自发达国家的工程师,或者是生活在欠发达地区的难民。这一发现为网络安全教育提供了重要的启示,有效的安全教育项目应该使用与受众经验更贴近的例子。

本研究对互联网隐私的感知威胁进行了实证检验。超过九成的受访者报告了较高的网络风险感知,表明人们具有一定的网络风险意识。与先前的研究一致(Eisend,2017),当相关的媒介议题被认为是负面时,第三人效应更加显著。然而,本研究发现感知威胁对第三人态度的影响并不显著,一个可能的原因是调查题项并没有指定隐私风险的类型。当被要求评估隐私侵犯时,一些受访者可能会考虑社交媒体账户失窃的损失,而其他人可能会考虑到经济损失的情况。

与传统大众媒体的研究一致(Henriksen & Flora,1999),本研究发现互联网隐私的主观知识与第三人效应呈正相关。主观知识水平较高的人倾向于对隐私威胁感到乐观,但这种感知可能并不准确。随着技术的进步,互联网隐私的知识很快就会过时,使得这些积极的使用者更有可能成为未来隐私攻击的受害者。此外,当前研究发现,在线骚扰或欺凌的经历与受访者对互联网隐私风险的第三人感知正相关。这一发现表明,负面的在线隐私经验增加了对在线隐私风险的意识,这与先前的研究(Cho et al.,2010)是一致的。在本研究中，超过 90％ 的受访者至少有过一种负面的网络隐私经历。相比于经济损失、社交媒体失窃的关系冲突、频繁接收垃圾推销广告，经历过网络骚扰和霸凌对第三人效应的抑制效果更明显。当前研究涉及的最后一个第三人认知影响因素是互联网使用行为，结果表明，在线信息搜索和互联网隐私风险的第三人感知正相关。经常在线搜索信息的互联网用户往往对互联网隐私风险有所了解，从而对于相关议题更有把握，增加第三人感知。

本研究具有一定的局限性。首先，MTurk 样本可能不像随机抽样具有更大的代表性，因为抽样范围只包括注册的用户。未来将研究结果推广到整体的互联网用户，应该使用更高质量的抽样策略。其次，当前研究检验了人们对互联网隐私风险的总体感知，但没有具体指定互联网平台，未来的研究应该探讨不同的网络平台中的差异感知。最后，本研究使用的数据来源是横断面样本，不能用来测试因果关系，建议未来的研究使用长期数据来研究网络风险议题。

● 本章参考文献

Andsager, J. L. & White, H. A. (2009). *Self versus others: Media, messages, and the third-person effect*. Mahwah, NJ: Routledge.

Boyle, M. P., McLeod, D. M. & Rojas, H. (2008). The role of ego enhancement and perceived message exposure in third-person judgments concerning violent video games. *American Behavioral Scientist*, 52(2),165-185.

Buhrmester, M., Kwang, T. & Gosling, S. D. (2011). Amazon's Mechanical Turk a new source of inexpensive, yet high-quality, data? *Perspectives on Psychological Science*, 6(1), 3-5.

Cho, H., Lee, J.-S. & Chung, S. (2010). Optimistic bias about online privacy risks: Testing the moderating effects of perceived controllability and prior experience. *Computers in Human Behavior*, 26(5), 987-995.

Chock, T. M. (2006). *Continuous Response Measures of the Effects of Antismoking PSAs on Self and Others*.

Chock, T. M., Fox, J. R., Angelini, J. R., Seungjo, L. & Lang, A. (2007). Telling Me Quickly: How Arousing Fast-Paced PSAs Decrease Self-Other Differences. *Communication Research*, 34(6), 618-636.

Crossler, R. E. (2010). Protection motivation theory: Understanding determinants to backing up personal data. Paper presented at the System Sciences (HICSS) 43rd Hawaii International Conference.

Davison, W. P. (1983). The third-person effect in communication. *Public Opinion Quarterly*, 47(1), 1-15.

Debatin, B., Lovejoy, J. P., Horn, A. K. & Hughes, B. N. (2009). Facebook and online privacy: Attitudes, behaviors, and unintended consequences. *Journal of Computer-Mediated Communication*, 15(1), 83-108.

Eisend, M. (2017). The Third-Person Effect in Advertising: A Meta-Analysis. Journal of Advertising, 46(3), 377-394.

Eveland, W. P. & McLeod, D. M. (1999). The effect of social desirability on perceived media impact: Implications for third-person perceptions. *International Journal of Public Opinion Research*, 11(4), 315-333.

Gunther, A. C. & Hwa, A. P. (1996). Public perceptions of television influence and opinions about censorship in Singapore. *International Journal of Public Opinion Research*, 8(3), 248-265.

Helweg-Larsen, M. & Shepperd, J. A. (2001). Do moderators of the optimistic bias affect personal or target risk estimates? A review of the literature. *Personality and Social Psychology Review*, 5(1), 74-95.

Henriksen, L. & Flora, J. A. (1999). Third-person perception and children perceived impact of pro-and anti-smoking ads. *Communication Research*, 26(6), 643-665.

Horton, J. J., Rand, D. G. & Zeckhauser, R. J. (2011). The online laboratory: Conducting experiments in a real labor market. *Experimental Economics*, 14(3), 399-425.

Internet Crime Complaint Center. (2017). 2017 Internet Crime Annual Report. Retrieved from https://pdf.ic3.gov/2017_IC3Report.pdf

Jeffres, L., Neuendorf, K., Bracken, C. & Atkin, D. (2008). Integrating Theoretical Traditions in Media Effects: Using Third-Person Effects to Link Agenda-Setting and Cultivation. *Mass communication & Society*, 11(4), 470-491.

Jensen, J. D. & Hurley, R. J. (2005). Third-person effects and the environment: Social distance, social desirability, and presumed behavior. *Journal of Communication*, 55(2), 242-256.

Karakayali, N. (2009). Social distance and affective orientations *Sociological Forum*, 24(3), 538-562.

Kenneally, E. E. & Claffy, K. (2010). Dialing privacy and utility: A proposed data-sharing framework to advance Internet research. *Security & Privacy*, *IEEE*, 8(4), 31-39.

LaRose, R. & Rifon, N. J. (2007). Promoting i-safety: Effects of privacy warnings and privacy seals on risk assessment and online privacy behavior. *Journal of Consumer Affairs*, 41(1), 127-149.

Lee, B. & Tamborini, R. (2005). Third-person effect and internet pornography: The influence of collectivism and internet self-efficacy. *Journal of Communication*, 55(2), 292-310.

Lee, H. & Park, S.-A. (2016). Third-Person Effect and Pandemic Flu: The Role of Severity, Self-Efficacy Method Mentions, and Message Source. *Journal of Health Communication*, 21(12), 1244-1250.

Li, X. (2008). Third-person effect, optimistic bias, and sufficiency resource in Internet use. *Journal of Communication*, 58(3), 568-587.

Lim, J. S. (2017). The Third-Person Effect of Online Advertising of Cosmetic Surgery: A Path Model for Predicting Restrictive Versus Corrective Actions. *Journalism & Mass Communication Quarterly*, 94(4), 972-993.

Lo, V.-H., & Wei, R. (2002). Third-person effect, gender, and pornography on the Internet. *Journal of Broadcasting & Electronic Media*, 46(1), 13-33.

Lo, V.-H., & Wei, R. (2005). Exposure to Internet pornography and Taiwanese adolescents' sexual attitudes and behavior. *Journal of Broadcasting & Electronic Media*, 49(2), 221-237.

McLeod, D. M., Eveland, W. P. & Nathanson, A. I. (1997). Support for censorship of violent and misogynic rap lyrics an analysis of the third-person effect. *Communication Research*, 24(2), 153-174.

Metzger, M. J. & Suh, J. J. (2017). Comparative Optimism About Privacy Risks on Facebook. *Journal of Communication*, 67(2), 203-232.

Millham, M. H. & Atkin, D. (2018). Managing the virtual boundaries: Online social networks, disclosure, and privacy behaviors. *New Media & Society*, 20(1), 50-67.

Mohamed, N. & Ahmad, I. H. (2012). Information privacy concerns, antecedents and privacy measure use in social networking sites: Evidence from Malaysia. *Computers in Human Behavior*, 28, 2366-2375.

Norberg, P. A. , Horne, D. R. & Horne, D. A. (2007). The privacy paradox: Personal information disclosure intentions versus behaviors. *Journal of Consumer Affairs*, 41(1), 100-126.

Nunes, J. A. W. , Wallston, K. A. , Eden, S. K. , Shintani, A. K. , Ikizler, T. A. & Cavanaugh, K. L. (2011). Associations among perceived and objective disease knowledge and satisfaction with physician communication in patients with chronic kidney disease. *Kidney International*, 80(12), 1344-1351.

Paek, H. -J. , Pan, Z. , Sun, Y. , Abisaid, J. & Houden, D. (2005). The third-person perception as social judgment An exploration of social distance and uncertainty in perceived effects of political attack ads. *Communication Research*, 32(2), 143-170.

Paolacci, G. , Chandler, J. & Ipeirotis, P. G. (2010). Running experiments on amazon mechanical turk. *Judgement and Decision Making*, 5(5), 411-419.

Parrillo, V. N. & Donoghue, C. (2005). Updating the Bogardus social distance studies: A new national survey. *The Social Science Journal*, 42(2), 257-271.

Paul, B. , Salwen, M. B. & Dupagne, M. (2000). The third-person effect: A meta-analysis of the perceptual hypothesis. *Mass communication & society*, 3(1), 57-85.

Paul, B. & Shim, J. W. (2006, 2006 Annual Meeting). *The Third Person Effect, Sexual Affect, and Support for Internet Pornography Regulation*.

Petronio, S. S. (2002). *Boundaries of privacy: Dialectics of disclosure*. Albany, NY: State University of New York Press.

Randolph, W. & Viswanath, K. (2004). Lessons learned from public health mass media campaigns: marketing health in a crowded media world. *Annual Review of Public Health*, 25, 419-437.

Salwen, M. B. & Driscoll, P. D. (1997). Consequences of third-person perception in support of press restrictions in the OJ Simpson trial. *Journal of Communication*, 47(2), 60-78.

Salwen, M. B. & Dupagne, M. (2001). Third-person perception of television violence: The role of self-perceived knowledge. *Media Psychology*, 3(3), 211-236.

Schreiner, N., Pick, D. & Kenning, P. (2018). To share or not to share? Explaining willingness to share in the context of social distance. *Journal of Consumer Behaviour*, 17(4), 366-378.

Stefanita, O., Corbu, N. & Buturoiu, R. (2018). Fake News and the Third-Person Effect: They are More Influenced than Me and You. *Journal of Media Research*, 11(3), 5-23.

Wainer, J., Dabbish, L. & Kraut, R. (2011). *Should I open this email? Inbox-level cues, curiosity and attention to email*. Paper presented at the Proceedings of the SIGCHI conference on human factors in computing systems, Vancouver, CA.

Wu, W. & Koo, S. H. (2001). Perceived effects of sexually explicit Internet content: The third-person effect in Singapore. *Journalism & Mass Communication Quarterly*, 78(2), 260-274.

Xie, G. X. & Johnson, J. M. Q. (2015). Examining the Third-Person Effect of Baseline Omission in Numerical Comparison: The Role of Consumer Persuasion Knowledge. *Psychology & Marketing*, 32(4), 438-449.

Xu, J. & Gonzenbach, W. J. (2008). Does a perceptual discrepancy lead to action? A meta-analysis of the behavioral component of the third-person effect. *International Journal of Public Opinion Research*, 20(3), 375-385.

Youn, S., Faber, R. J. & Shah, D. V. (2000). Restricting gambling advertising and the third-person effect. *Psychology and Marketing*，17(7)，633-649.

Young，A. L. & Quan-Haase，A. (2013). Privacy protection strategies on Facebook：The Internet privacy paradox revisited. *Information，Communication & Society*，16(4)，479-500.

Zittrain J. (2008) *The future of the Internet and how to stop it*. New Haven：Yale University Press.

第九章

第三人效应的本土化研究探索

　　我国的第三人效应研究起步于21世纪初,也被翻译成"第三者效应"或"第三者效果"。初期的研究以引入核心概念,梳理国外的研究成果与路径为主。随着网络媒体的发展,本土化的第三人研究主要聚焦于网络虚假信息、社交媒体隐私悖论、网络广告、网络新闻等议题。在"非典"和新冠疫情之中,学者们开始讨论认知偏见在健康促进中的负面作用。

第三人效应研究历史沿革

　　赵玉兰等(2000)、谢静(2001)最早将第三人效应理论引入国内,从概念界定、影响因素和生成机制三个方面,对戴维森的第三人效应理论进行了分析。几位学者整合国外学者有关信息特质、话题的知晓程度、年龄、学历等因素对于第三人效果显著性的影响,并对于第三人效应产生的机制进行了初步分析。在起步阶段,我国学者主要以引入国外的研究成果为主,缺乏对于理论本土化的探究与思考。

　　2007—2019年为我国第三人效应理论发展的第二个阶段,以实验、调查为代表的实证研究方法逐渐成熟,证实了该理论在中国语境的适用性。罗舒幻(2023)基于中国知网的数据库对于第三人效应研究进行了梳理。结果表明,与西方的早期研究聚焦于广播、电视、报纸等传统媒体不同,中国的第三人效应研究起步于网络媒体蓬勃发展的年代,关注的内容既包括与西方研究类似的网络色情、网络暴力、网络隐私等,也涵盖了具有本土特色的网络购物、公共危机事件、网络谣言等。在此阶段,本土第三人效应的研究呈现出多元化的趋势,既有传统的媒介效果研究视角,也融合了广告、数字素养教育、科学传播、健康传播等维度。相关研究更加契合本土的热点,关注青少年、中老年人、农民工等弱势群体,与涵化理论、信息茧房、社会比较、归因理论、乐观偏见等传播理论进行了深度对话。此阶段,更多本土学者开始对于理论的机制、研究视角提出了更多的思考。禹卫华、张国良(2008)引用了"间接影响模型"的概念,揭示出大众媒体影响的外溢效应,即目标群体相关的人群也会受到影响。禹卫华(2010)基于西方的研究成果,详细论述了"第一人"效果的现状、问题及应用。郝雨(2007)、张天赦(2012)、乔丽荔(2013)、武楠(2017)等学者对于第三人效应的理论源流、发展历程以及网络媒体中的第三人效应特点进行了更深入的论述。

2020年新冠疫情暴发后,有关健康传播、健康促进的话题成为第三人效应研究的前沿热点。信疫环境中充斥着大量的虚假信息、谣言、假新闻,海量的信息也容易使得受众产生信息倦怠、信息回避的倾向。基于对于本阶段网络的观察,本土研究聚焦于谣言传播、公共危机管理、健康传播等议题,试图去探讨第三人效应对于健康认知、行为管理的影响(罗舒幻,2023)。此外,网络游戏(李朋,2020)、网络直播带货(石剑,2020)等热点也开始和第三人效应有了更多的结合。本书所整合的国内相关研究以期刊论文为主,学位论文不在讨论范围之内。

新闻报道与第三人效应

王正祥于2007年最早开展了有关新闻报道中的第三人效应研究,研究的新闻类型为农民工负面报道。基于377位大学生的问卷调查,该研究证实了第三人效应的存在,即受访者倾向于认为农民工负面报道对于他人的影响更大。与国外的实证研究结果相似,本研究表明第三人认知偏差随着自我与他人的社会心理距离而增加。此外,本研究比较了城市与乡村户口同学的认知差异,结果显示来自农村的大学生呈现出更强的第三人效应,此发现证实了话题卷入度对于认知偏见的影响。研究进一步验证了第三人效应的行为部分,具有较高认知偏见的大学生更倾向于支持限制此类的新闻报道,大部分受访者要求改进农民工新闻的报道,避免歧视性的新闻呈现。此研究关注了弱势群体新闻报道这一重要议题，对于理解此类新闻中的第三人效应具有重要开拓意义。

张尔升（2010）对于媒体中有关企业的新闻报道进行了研究，与农民工的负面报道不同，此研究选择了更具争议的新闻报道对象——金光集团。该公司为国际大型造纸企业之一，自进入中国以来饱受争议。一方面此公司被指责破坏生态环境，毁林造纸给工厂所在地带来严重的环境污染；另一方面，该公司广泛参与慈善项目，在教育、基础设施建设、医疗领域、环保行业中均有广泛的资金支持。针对具有争议性的新闻报道的探索是该研究重要的贡献所在。此文章的调查对象为海南大学的本科生，研究表明有关企业社会责任的新闻报道呈现出显著的第三人效应，并且进一步证实了社会距离的增加会导致认知偏见更加显著。在比较正面、负面新闻报道的第三人认知偏差时，此研究发现负面新闻中第三人效应更加显著，由于有关环境污染的负面事件通常更容易引起在地受众的关注，话题的卷入度会显著增加第三人认知。张尔升进一步比较了城市、农村户口大学生的感知差异，发现城市户口的学生呈现出更强的第三人效应，说明来自城市的大学生具有更强的环保意识，对于话题的卷入度更高。研究还揭示了性别对于认知偏见的影响，男性受访者中第三人认知比女性更强。此研究选择了具有争议性的报道主体，探索了第三人认知生成的复杂机制，将有关新闻与第三人效应的研究推向了一个新的阶段。

邱鸿峰（2016）关注了艾滋病歧视报道中的第三人效应，探讨了集体主义/个人主义文化对于认知偏见以及安全性行为的影响。研究通过实验法邀请500余名大学生观看两条关于艾滋病歧视的电视新闻，内容涉及医院对于艾滋病患者的歧视，以及交警执法部门对于艾滋病违规者的歧视执法行为。两条新闻既真实还原了社会上对于艾滋患者的区别对待，也隐含着对于此现象的批判。研究结果表明，受访者认为相比于同辈大学生群体，父辈受到的影响更大，血缘关系并非判断社会心理距离的唯一线索。基于霍夫斯塔德的文化维度，此研究比较了个人主义和集体主义文化认同对于第三人认知的影响，结果表明集体主义倾向会降低自我—他人感知差异，个人主义倾向会增加第三人感知。此外，研究表明第三人认知越低，受访者越倾向于保持单一的性伴侣；集体主义价值观的认同度越高，越倾向于减少不安全的性行为。此研究进一步证实了负面新闻对于感知鸿沟的影响，以及文化认同对于自我行为约束的影响。

除实证研究外，亦有学者通过案例观察来审视第三人效应的影响。李晔

(2012)分析了 2011 年日本福岛核电站泄露后的抢盐事件。此事件源于网络上吃碘盐可以防辐射的谣言,彼时互联网逐渐成为人们阅读新闻、获取信息的重要来源,缺乏"把关人"的网络新闻的负面影响在此事件中得到凸显。网上充斥着超市断货的信息,有关防辐射的虚假信息也在网络平台上逐渐发酵。李晔通过此案例的观察,推断"吃碘盐防辐射"的新闻会产生第三人效应,即人们会认为其他人会相信此类谣言从而去疯狂囤货,即便不相信这条信息,人们也不得不去采购以避免后续买不到食盐。在 2023 年福岛核电站核污水排放事件后,我国也出现了类似的抢盐风波,由此可见,民众的盲从、恐慌心理可以导致理性的群体也被裹挟到盲目的行为中,权威信息的发布、官方平台的辟谣是应对此类事件的重要策略。

在新闻受众的研究中,学者也将视角延展到国内受众对于国外新闻的看法。2017 年马里兰大学的毕业典礼,一位中国同学有关美国与中国的环境对比的言论引起广泛的质疑,迅速成为网络新闻平台、社交媒体的热搜关键词。况彬彬(2017)在大学生群体中针对此事件的看法进行了调查,在读过此条新闻后,受访者普遍认为新闻对于其他人的负面影响更大,尤其是容易导致国外受众对于中国的负面印象。在行为层面,第三人感知越显著,受访者越不愿意转发此条信息给其他人。与之相似的另一项研究关注了韩国乐天集团,由于该集团决定将土地置换给韩国政府布置萨德反导系统,引起了中国民众普遍的不满,对于乐天集团呈现出抵制的态度。郭小安(2019)研究发现,大学生群体针对乐天事件呈现出显著的第三人认知现象;民族情感认同越高的受访者,第三人认知差异越低。作者推断大部分学生均认可抵制行为,即大部分人均会受到新闻的感染,由此导致第三人效应减弱。

在科学议题相关的研究中,我国学者也观察到了显著的第三人效应。通过实验方法,原艳飞、金兼斌(2020)检验了有关转基因玉米的新闻报道。大学生受访者的调查结果表明,科普新闻的读者中也普遍存在第三人效应。在另一项网络调查研究中,李子甜(2017)发现 18～40 岁的青年群体中,针对转基因食品的信息认知中普遍存在自我—他人感知差异,进一步证实了此现象的存在。

我国针对新闻的第三人研究主要聚焦于突发社会事件、争议事件,缺乏对于不同类型新闻的比较。研究方法以大学生样本的问卷调查为主,样本的代表性较为缺乏。与国外研究类似,我国的第三人研究验证了社会距离、话题负面性、话题卷入度、文化认同对于认知偏差的影响。

广告与第三人效应

广告的负面影响在学界的讨论较多，积累了丰硕的研究成果。广告会对受众的消费观念产生影响，也可能误导受众，对产品产生不切实际的期望。广告也可能带来健康的损害、加深刻板印象，威胁受众的生理、心理健康。我国学界对于广告与第三人效应的研究还处于起步阶段。曾秀芹、熊慧(2012)探索了初中生、高中生和大学生对广告负面影响的第三人效果认知。研究发现，受访者普遍认为广告对其他同龄人的影响更强，证实了第三人效应在青少年群体中的存在。此研究的重要贡献在于细化了比较组的年龄差异，青少年群体在评估广告的负面影响时，如果参照群体比受访者年龄更小，第三人效效应最显著；当参照群体比受访者年龄更大时，第三人认知差异较弱。由此可见，当受访者在比较自我与他人时，年龄与经验是重要的评估标准。

与国外研究类似，我国学者也对于电视广告对于受众健康的影响进行了探索。刘一川、贾祥敏(2014)研究了瘦身广告中的第三人效应，尤其是性别差异对于认知偏差的影响。基于在上海市居民的电话调查，研究发现人们认为媒体瘦身广告对于他人的负面影响更大，这种现象在男性和女性受众中普遍存在。此研究以男性和女性分别作为比照组，当比较对象为女性时，第三人效应显著高于以男性为比较对象。女性作为瘦身广告的核心受众，更为关注身材管理的话题，由此可见比照对象的话题卷入度会显著影响认知偏差的大小。吸烟是西方广告负面效果研究的常见话题，在中国语境中也具有重要的社会意义。吕尚彬、吴星漫(2021)对于香烟广告进行了实证研究，在青年群体中，发现了香烟广告的感知中存在明显的第三人效应，而禁烟公益广告中发现了显著的第一人效应，信息的正面、负面的影响也得到了印证。此外，研究表明香烟广告对于男性受众的影响显著高于女性，而禁烟公益广告在女性中有更强的影响。

公益广告为公共利益服务，不以营利为直接目的，容易引发观众共鸣，进而促进亲社会行为的推广。与商业广告通常被认为具有负面的影响不同，公益广告具有积极的社会引导作用。黄曦云(2017)对于网络公益广告的受众态度进行了研究，基于大学生样本的调查表明，在公益广告中存在"第一人效应"，即认为此类广告对于自己的影响高于他人。

目前我国学者对于广告的第三人效果研究仍然较为匮乏，有限的研究仅关注了瘦身广告、公益广告。部分学者基于现象的观察,讨论了真人秀节目植入广告(周倜,2015)和公益广告(刘天慧,2020;王丙强,2016)中的受众认知偏见,但相关研究缺乏实证数据的支撑。随着信息技术的发展,广告的类型日趋多样化。以平面媒体为载体的户外广告、电梯广告、报纸杂志广告、传单广告等在当下仍然发挥着重要的作用,电视虽然日渐式微,但是电视广告在中老年群体中仍有重要的影响。此外,网络横幅广告、图标广告、文本链接广告、点击付费广告、植入广告、自媒体广告、短视频广告等均是当下热门的广告形态。广告与第三人效应的关联性紧密,对于传播效果目标的达成具有重要影响,需要学界予以更多的关注。

健康传播与第三人效应

健康传播是一种将医学研究成果转化为大众的健康知识,并通过态度和行为的改变,以降低疾病的患病率和死亡率、有效提高一个社区或群体生活质量和健康水准的行为。媒体与健康传播紧密交织,医疗从业者通过各种媒体渠道传播健康信息,以提高公众对健康问题的认识并促进健康行为的改变。这包括利用新闻报道、社交媒体、广告等形式传递有关疾病预防、健康生活方式和医疗政策的信息;执行公共健康宣传活动,以增强对特定健康问题的理解;采用沟通策略来影响和改变人们的健康习惯;在健康危机期间迅速传播重要的健康和安全信息等。我国学者对于健康传播中的第三人认知进行了探究,并对于其行为影响进行了初步探索。

2018 年 H7N9 病毒流行度较高,引起了全社会的广泛关注,媒体在向公众解释、传播疾病预防知识中发挥着重要作用。林恩琦(2018)对于 H7N9 相关的媒体报道进行了研究,以大学生群体作为调查的对象,结果显示受访者存在明显的第三人认知倾向,认为相关新闻对于他人的影响更大。需要指出的是,与社会新闻不同,健康题材的报道往往难以通过正面、负面信息来进行划分,但在此类健康信息的受众中,同样出现了显著的第三人效应。此研究为国内最早有关呼吸道传染性疾病的第三人研究,相关结论与国外研究发现类似,证实了认知偏差在健康传播中的普遍性。

覃哲、郑权(2021)在研究中关注了中老年人"候鸟式迁徙"这一现象,聚焦于旅居广西巴马的群体。巴马地区是一个非常特殊的研究对象,良好的气候条件,优质的水源、土壤,洁净的空气,以及宜人的风景使得这里成为长寿之乡、养老胜地,吸引大量人群来此旅居。两位学者假定此类养老人群会更加关注气候变化、环境污染等议题,通过实验方法探索此群体成员对于环境相关新闻的感知。研究发现,旅居群体认为养生保健、气候变化相关的新闻对于其他人影响较大,而对于在巴马养老的群体影响较小。研究还表明,群体认同感更强的受访者表现出更显著的第三人认知倾向。认知偏见被发现与搜索、转发相关信息的行为呈现正相关。此研究揭示了群体认同的重要作用,健康相关的信息理解是建立在知识的储备之上。基于不同健康话题,人们会形成特定的群体,例如某一疾病的患者、家属,居住在某一地区的人群等。在我国,健康传播更面临着诸多的挑战,由于地区、阶层经济水准差异极大,相关的认知偏见也存在一定差异,健康传播需要根据人群特质来优化策略,以达到最优的效果。

徐宁(2021)设计了一项有关耳机负面影响的新闻报道与第三人效应的研究,发现在耳机的使用者中存在着认知偏差,阅读相关的信息后,读者的恐惧感显著提升。耳机有关信息的阅读频率与第三人效应呈现正相关。本研究探索了电子设备的健康风险,以及相关信息的阅读可能带来的认知偏见固化。国内学界对此议题关注度较低,未来研究可以针对数字设备对于视力、睡眠质量、心理健康与认知偏见进行更深入的探讨。

新冠病毒疫情暴发后,媒体受众中的第三人效应成为了学界的热点话题。江南望(2020)基于疫情暴发期间的媒介观察,提出在新冠疫情传播前期阶段,民众就普遍存在第三人感知,认为疫情发生在武汉,疾病的威胁距离自我较远。很多人即使看到了疫情蔓延的信息,还是倾向于判定自己不会感染病毒,不需要采取防御措施。基于微博热搜话题的研究,江南望发现老年人中认知偏见更加显著,微博上"说什么也不愿意戴口罩的固执长辈""防控新冠病毒父母不听劝怎么办"成为热门讨论话题,由此可见抑制第三人认知是健康行为推广、疾病预防的关键。作者提及了信息的正面/负面属性、媒体权威性、社会距离、受众特质对于认知偏见有重要影响,但是该文的论述仅源自作者的推测,缺乏实证数据的论证。

崔小倩等(2022)在全国范围内进行了有关新冠疫情与第三人效应的调查,参与者超过19000人,来自全国31个省区市。研究表明新冠疫情期间,公众普遍存在自我-他人认知偏差,即认为他人更容易感染病毒,公众对于疾病的风险呈低估的倾向。学者对于受众的人口统计特征与第三人感知进行了分析,结果显示,男性、年轻人、农村居民的第三人认知普遍更高。此外,与先前研究类似,社会距离与空间距离的增加会强化认知偏见。负面情绪、宿命论与第三人效应显现负相关,可能会增加疾病易感性评估,第三人认知随之减弱。

聂静虹、翟嘉靖(2021)在研究中探讨了信息框架对于健康信息回避的影响,并且验证了第三人认知和信息相关性的中介作用。实验数据表明,健康信息以风险框架呈现(聚焦于疾病的危害),而非收益框架时(即预防疾病的收益),人们回避健康信息的意愿更强。在面对健康信息时,个人会呈现出疾病预防和促进健康两种行为倾向,研究发现偏向促进健康的受众更可能回避风险框架信息,因为此类人群主要诉求是实现积极的健康效果,对病症带来的后果更加反感。研究进一步揭示了第三人感知在信息框架和健康回避行为之间的中介效应,当健康信息以风险框架形式出现时,人们的第三人感知更强,受访者更可能回避健康信息。本研究表明,第三人效应不仅会导致负面的健康管理策略,也会增加信息回避,从而影响健康素养的建构。

网络与第三人效应

网络虚假信息

网络虚假信息,通常被称为"假新闻",指的是在数字平台上故意制造和传播的误导性、错误的信息,其目的可能是为了影响公共舆论、破坏个人或团体的声誉,或为了经济利益。这种信息的传播在网络时代尤为迅速和广泛,社交媒体和数字平台的普及使得信息传播变得更加迅速,算法驱动的内容推荐系统可能进一步加速虚假信息的传播。

我国学者对于网络虚假信息与第三人效应的研究仍处于起步阶段。毕子悠(2019)基于观察提出,第三人认知会导致人们在阅读健康信息时产生过度的自信,认为自己能够有效筛选相关信息,较少受到虚假信息的影响。这样的认知偏见容易导致虚假健康信息在社交媒体上经由人际对话和朋友圈转发进一步传播,加剧了虚假信息的负面影响。毕子悠提出了信息核查、医学知识积累、传统媒体信息的接触对于抑制虚假信息传播的重要作用,文章的不足之处在于缺乏实证数据的支持。冯强等学者(2021)针对网络上的食品安全谣言进行了调查研究,基于网络调查数据,此研究证实了受访者认为此类虚假信息对于他人的影响显著高于自己,有关食品安全的媒介信息接触、个人对于网络谣言的认知均对于第三人认知有显著影响。当个人经常从媒体接收有关食品安全的消息时,人们会对于该议题有更客观的认知,从而认为无论是自己还是他人均会受到谣言的影响,降低了第三人效应;当人们主观认为自身了解网络谣言的机制,第三人效应显著提升。第三人认知被进一步发现可以增加风险感知和支持网络谣言治理的意愿。新冠疫情暴发后,网络虚假信息进一步泛滥,产生了极为严重的负面影响。何鸿雁、韩鸿(2021)对于有关新冠的第三人认知成因和其后继影响进行了研究,网络调查数据显示,疫情风险感知、情绪焦虑以及卷入度与第三人感知呈现正相关。

网络虚假信息的传播目的和形态差异很大,既包括了网络谣言、不准确的信息呈现,也包括通过夸大产品特质吸引关注的广告、营销信息,同时也掺杂了以网络诈骗为目标的钓鱼信息。不同类型的虚假信息传播途径、策略均有显著不同,第三人认知在不同语境下是否存在差异有待学界进行进一步的探究。

网络隐私悖论

隐私悖论(Privacy Paradox)是一个描述现代数字社会中个人行为与隐私态度之间相矛盾的概念。这个概念揭示了一个有趣的现象:尽管人们对自己的隐私非常关心,但他们在日常的线上行为中却经常无意识地披露隐私。认知偏差和隐私风险利弊评估是研究隐私悖论的主要维度。由于网络技术的快速发展,用户对互联网平台如何收集、使用和分享他们的个人信息缺乏理解,从而增加了披露隐私行为的可能性。在隐私评估中,如果隐私披露的收益大于风险,用户倾向于忽视潜在风险(朱侯等,2017;张晓娟、田馨溙,2020)。在实际的网络使用过程中,人们并非总是持有理性思维,用户可能会为了获得某种便利性(如个性化推荐、社交网络互动等)而选择分享他们的个人信息。姜凌(2020)分析了网络用户心理疲劳的现象,面对无处不在的网络风险,人们可能会表现得无所适从,因而增加风险推脱和隐私披露的行为。

司徒凌云等(2022)通过调查方法,探索了微博中的隐私悖论与第三人效应。微博中的隐私悖论表现为用户一方面认可隐私风险的存在、表达出隐私焦虑、关注隐私保护的措施,但是仍然会在个人微博空间发布个人隐私信息,或者在别人发布有关自己的隐私信息时不予制止。研究分析了两种第三人效应产生的心理机制——自我服务偏好和乐观偏见。结果表明,第三人认知增加了用户的感知收益,降低了用户对于隐私风险的关注,进而增加了隐私披露行为。该研究证实了第三人效应机制在风险悖论产生过程中的作用。李洁、吴杰浩(2022)在研究中发现,用户感知到自身的网络风险与他人的风险存在显著差异,存在明显的第三人认知倾向。第三人认知对于个人的感知风险具有负向影响,导致用户低估自身面临的隐私风险;另一方面,第三人认知正向影响个人对于隐私信息的掌控能力。在第三人效应的影响下,用户难以对于风险和自身能力做出客观评价,容易导致在行为层面出现应对的偏差。

网络购物

随着网络的发展,线上购物已经成为国人的生活日常,购物网站、移动APP平台、直播电商、网络代购等已成为中国用户主要的购物形态。我国学者最早有关网络购物与第三人效应的研究聚焦于网络代购。网络代购是一种电子商务活动,代购者在不同的国家或地区购买商品,然后将这些商品卖给位于其他国家或地区的客户。代购者通常通过个人的社交媒体平台来进行营销和销售。刘文、武文颖(2015)针对微信朋友圈中的代购现象进行了访谈与调查,大多数受访者对于此类信息持中立的态度,但是认为此类代购信息对于其他人的影响远高于自己。孙钺童(2023)对于网络直播购物中的第三人效应进行了研究,结果显示由于第三人认知偏见,自我—他人的认知偏差会抑制人们观看直播带货后的购买意愿。总体而言,我国针对网络购物与第三人认知的研究较少,与负面的媒介信息不同,网络购物虽然也存在过度消费、过度渲染的问题,但是总体上来说增加了购物选择的多样性,为消费者提供了更经济、实惠的选择。对于网络购物中的第三人认知需要更多的研究进行深入探索。

研究不足及建议

在过去二十余年中,我国第三人效应的研究已经取得了显著的进步。这种进展可以从两个方面进行观察:一是研究数量的增加;二是研究对象广度的日益多样化,针对网络媒体的多种应用场景均有涉及。当前的实证研究大多集中在对相关变量以及认知和行为之间关系的论证和阐释上,部分研究仅从现象出发表达了对于理论的思考,但是缺乏实证支持。国内的第三人效应研究涉及理论深度反思和创新性的研究相对较少,在研究深度和广度上仍有较大的提升空间。与国际研究相比，我国的相关研究在数量、方法、内容及影响力等方面，仍存在显著的差距。

从传播学的视角出发，对于第三人效应的研究，有必要强调实证方法的重要性。该理论不应仅依赖于表面现象的观察或推断，而应通过实验、调查等严谨的实证研究方法来支撑。尽管我国在这一领域的研究已取得一定进展，但部分研究依然过分依赖于现象层面的讨论，缺乏深入和系统的实证研究支持。为了提升研究的严谨性，加强定量研究的比重显得尤为重要，能够帮助我们探究变量之间的关系。同时，创新研究方法也是提升研究质量的关键一环。例如，采用混合研究方法——结合定性和定量研究——可以增加研究的深度，提供更全面和多元的视角。

探索网络媒体中的第三人效应，需要对于媒介技术与社会环境动态的发展过程进行深入探究。网络环境主要特征是高度互动性和个性化，算法塑造了用户的信息接触模式，也影响了信息的选择和加工方式。算法机制可能导致信息茧房的形成，用户主要接触与自己观点相符的信息，而忽视其他观点，从而加剧认知偏见。社会规范和价值观的转变对第三人效应的影响不容忽视。随着社会的进步，人们对媒体信息的接受度和处理方式发生了变化，影响着人们对于媒体技术的感知。网络的发展一方面给予了人们更多接触信息的渠道，同时也加剧了社会观念的极化，增加认知的偏见。在当前信息泛滥的时代，信任也成为网络研究一个核心问题。公众对不同媒体来源的信任程度的变化，可能会在很大程度上影响他们对媒体内容真实性的判断，进而影响第三人感知。网络时代的第三人效应需要从技术、社会和心理等多个角度进行综合考量，为媒介传播研究提供新的视角。

当前的传播学研究中，引入和吸收国际上的先进研究成果，采用跨学科的研究方法，对于提升我国第三人效应研究具有极其重要的意义。心理学、社会学、传播学等学科各自提供了独特的理论和方法，可以被综合运用来分析第三人效应。例如，心理学的框架可以帮助我们理解个体如何处理媒体信息，社会学可以解释社会结构和群体行为对个体感知的影响，而传播学则专注于媒介内容的制作和接收过程。将这些学科的知识和方法结合起来，可以形成一个更全面、更深入的分析框架，促进理论的创新和突破。

在拓展国际研究视野的同时，针对理论的本土化研究同样具有重要意义。第三人效应的研究应该基于我国的社会文化和媒体传播环境，我国对于互联网的管理政策、网络行业的发展均与西方有显著不同，网络环境的独特性可能会影响第三人效应。我国的网络平台存在对于用户信息的过度收集的问题，网络诈骗日益成为备受关注的社会现象。中国的文化特质也可能影响人们对于网络技术的认知，集体主义的文化倾向可能使人们更在意网络的负面影响，影响自我—他人的认知差异。

● 本章参考文献 ⋯⋯⋯⋯⋯⋯⋯⋯⋯⋯⋯⋯⋯⋯⋯⋯⋯⋯⋯⋯⋯⋯⋯⋯⋯

毕子悠.从"第三人效果"看社交媒体虚假健康信息传播原因及对策[J].传播力研究,2019,3(12):220.

崔小倩,郝艳华,樊凯盛等.新型冠状病毒肺炎疫情下公众文化世界观负面情绪与第三人效果的关系[J].中国预防医学杂志,2022,23(02):98-103.

冯强,马志浩,陶炜.媒体接触、谣言知识、感知差异和传播效果:对食品安全网络谣言第三人效果的考察[J].中国网络传播研究,2021(02):125-138.

郭小安,尹凤意.民族主义运动中大学生群体的爱国情感与"第三人效果"——以抵制韩国"乐天"事件为例[J].新闻大学,2019(04):75-86+119.

郝雨,谢小芳.大众传播"第三者效果"研究二十年[J].南通大学学报(社会科学版),2007(01):131-136.

何鸿雁,韩鸿.突发公共卫生事件中的微信谣言传播与第三人效果影响研究[J].传媒观察,2021(04):83-92.

黄曦云.网络公益广告"第三人效应"研究[J].中国报业,2017(04):10-11.

姜凌,王志华,杨国亮.网络情境下消费者个人信息表露的影响机制研究——基于隐私疲劳的理论视角[J].企业经济,2020,39(9):80-87.

江南望.第三者效果:健康传播中的受众风险感知研究——以疫情传播研究为例[J].新闻研究导刊,2020,11(06):86-87.

况杉杉,张玉川.留学生毕业演讲事件的第三人效果感知与行为研究[J].新闻研究导刊,2017,8(20):130-131.

李洁,吴杰浩.第三人效应对个体隐私保护行为的影响机制研究——来自PLS与fsQCA的研究发现[J].情报探索,2022(04):28-38.

李朋.论"第三人效果"对新媒体环境的影响——以"网络游戏整改"为例[J].中国报业,2022(02):10-11.

李晔.从传播学中的"第三人效应"看抢盐风波[J].科技传播,2012,4(13):3.

李子甜.青年群体的媒介曝露、争议性感知与第三人效果——以转基因食品议题为例[J].东南传播,2017,(05):25-30.

林恩琦.健康题材媒介报道中的"第三人效果"研究——以 H7N9 媒介报道为例[J].传播与版权,2018,(01):1-2.

刘天慧."第一人效果"的影响因素研究——以公益广告研究为例[J].科技传播,2020,12(10):1-2+5.

刘文,武文颖.浅析微信朋友圈代购行为的第三人效应[J].新闻世界,2015(02):132-134.

刘一川,贾祥敏.对"第三人效果"及其影响机制的研究——以媒体瘦身广告对人们影响的研究为例[J].新闻界,2014(09):9-14.

吕尚彬,吴星漫.感知暴露、感知倾向和感知相似性对第三人效果的影响研究——以青年人对香烟类广告的感知效果为例[J].新闻与传播评论,2021,74(04):97-109.

罗舒幻.基于 CNKI 数据库的"第三人效果"研究文献综述[J].东南传播,2023(05):106-110.

聂静虹,翟嘉靖.个体调节定向与信息框架对健康信息回避的影响研究——第三人感知与信息无关的中介作用[J].中国网络传播研究,2021(04):25-47.

乔丽荔."第三人效果"理论研究述略[J].视听,2013,(12):60-62.

邱鸿峰,彭璐璐.集体主义文化与艾滋歧视报道的第三人效果[J].新闻界,2016(21):11-20.

石剑.第三人效果在网络直播带货中的应用策略[J].新媒体研究,2020,6(13):44-45+49.

司徒凌云,李益婷,石进.基于第三人效应的微博隐私悖论产生路径研究[J].情报杂志,2022,41(12):89-97.

孙钺童.网络直播带货中"第三人效果"对消费者购买意愿的影响[J].现代营销(下旬刊),2023(02):40-42.

覃哲,郑权.气候变化健康风险传播第三人效果及其影响因素研究[J].文化与传播,2021,10(02):65-73.

王丙强."第三人效果"及其在广告中的运用[J].新闻研究导刊,2016,7(19):297.

王正祥.农民工负面报道的第三人效果研究[J].青年研究,2007(06):22-29.

曾秀芹,熊慧.青少年对广告负面影响的第三人效果研究[J].国际新闻界,2012,34(04):19-24.

武楠.互联网语境下的第三人效果研究综述[J].当代传播,2017(04):25-29.

谢静.媒介对谁更有效？——"第三者效果"理论述略[J].新闻大学,2001(01):36-38.

徐宁.耳机影响听力的恐惧诉求效果及第三人效果研究[J].海峡科技与产业,2021,34(04):33-36.

禹卫华."第一人"效果:现状、问题与应用[J].国际新闻界,2010(07):33-37.

禹卫华,张国良.传播学在中国30年:效果研究的反思与进路[J].国际新闻界,2008(07):15-18.

原艳飞,金兼斌.争议性科学议题中叙事对第三人效果的影响[J].未来传播,2020,27(02):9-18+132.

张尔升,黄景贵,王勇等.企业社会责任报道的第三人效果研究——以金光集团APP为例[J].经济与管理研究,2010(09):109-114.

张天赦.新媒体应用对"第三人效果"的改变[J].新闻传播,2012(01):12-14.

张晓娟,田馨滦.移动社交媒体用户隐私悖论现象的产生路径 研究——基于fsQCA的实证分析[J].情报理论与实践,2020,43(11):92-97.

赵玉兰,谢瑞东,陈新华.浅谈信息传播的第三者效果[J].学术论坛,2000(02):76-78.

周偄.从真人秀节目中窥视植入广告的"第三人效应"[J].新闻研究导刊,2015,6(08):180.

朱侯,王可,严芷君.基于隐私计算理论的SNS用户隐私悖论现象研究[J].情报杂志,2017,36(2):134-139.

结　语

　　第三人效应自戴维斯在 20 世纪 80 年代正式提出，所历经的 40 年正是媒介技术快速发展的阶段，为理解媒介技术、生态的变化提供了一个有趣的视角。媒体从大众媒介到网络基础设施的转变，不仅是技术革新的历史，更是传播方式、媒体生态和社会互动模式的根本变革。在 20 世纪 80 年代，传播学的重点集中在大众媒体的影响力上。这个时期的媒体由电视、广播和报纸等传统媒介主导，它们以单向传播为特征，信息从中心化的源头流向被动的受众。随着互联网的兴起，传播学开始关注数字化对媒体生态的影响。互联网的普及标志着信息流动的去中心化，个人成为信息的接收者和生产者。这种变化在传播学中引发了对传统媒介理论的重新评估，学者们开始探讨网络信息的多向流动和受众的主动性。数字化带来的媒体内容的即时性和互动性，对传播过程的研究提出了新的挑战。社交媒体上每个人都可以是内容的创造者和扩散者，这不仅改变了媒体生态，也重塑了公众参与和社会互动的方式。2010年之后，传播学者的关注点转向了网络基础设施和数据驱动的传播。大数据和算法成为信息流通的关键因素，个性化内容推荐系统改变了受众的信息接触和选择模式。

　　无论媒介技术如何发展变迁，第三人效应被发现普遍存在，这种心理效应跨越了不同的媒介载体以及不同的社会文化。随着技术的发展，人们的媒介消费行为发生显著的改变。第一，针对某一话题，人们能够阅读到的信息占全部信息的比例大大下降。例如，在有线电视时代，人们只能在黄金时段收看到电视剧作品，对于剧迷来说能够观看当时所有流行的影视剧。而在各大流媒体平台激烈竞争的当下，我们能够获取所有的电视剧资源，包括新剧和过往的剧集，作为观众可以根据兴趣有选择性地观看。由于媒介信息体量的爆炸式成长,网络使用者可能会在海量信息面前变得无所适从。第二,媒体从新闻、娱乐生产者逐渐成为社会基础设施。传统媒体时代,人们只有在闲暇的时间与电视、广播、报纸信息产生接触,但是在人际对话中、上班通勤的路上、外出旅游的时光中,人们较少和大众媒体产生互动。在移动互联网推出后,麦克卢汉"媒介是人的延伸"的观点得到了进一步的延展,移动网络、智能设备就像是空气和水一样重要,我们的工作、生活、娱乐、人际沟通都依赖于此。网络时代媒体从信息载体逐渐发展成日常生活不可或缺的一部分。第三,随着信息生产者的增加,媒介信息生产的主体呈现出多样化趋势,人们接触到大量非专业生产的信息。传统的电视台、报纸日渐式微,其影响力已经被自媒体的头部主播所取代,用户选择信息更多依据兴趣出发,而非是媒体的权威性。

戴维斯提出第三人效应是以大众媒体为主要的研究范本,彼时积极的新闻阅读者可以遍览报纸上有关某一新闻事件的所有报道,人们只有在有限的时间与媒介接触,人们可以对于信息发布源的背景、专业程度进行准确地判断。戴维斯在最早的研究中,也发现了新闻从业者对于新闻话题表示出高度的自信,更容易出现第三人效应。需要指出的是,在传统媒体时代第三人效应不只是一种心理现象,这种现象和真实的认知水平差异是较为接近的。在网络媒体出现后,自我—他人的认知差异仍然普遍存在,但是在海量的信息面前,每一位普通人都是渺小的,因此认知偏见和实际的认知水准差异可能会显著增加。由此可见,网络中的第三人认知,可能产生更为负面的影响,无论是"抢盐事件"还是新冠疫情中的各类误导信息,我们都能看到这样的例子。笔者在此做出一个大胆的推论——技术的进步会导致自我-他人认知差异的显著增加,产生更为严重的负面影响。未来研究不仅应该去在不同的媒体技术平台上去复制第三人的研究框架,更要去比较不同代际媒介技术中的认知偏见,从而纵向地揭示认知偏见与媒介技术发展之间的关系。随着信息技术的持续演进,理解第三人效应在信息社会中的角色将变得更为重要。这一理论不仅帮助我们理解信息在社会中的流动和处理方式,也为我们设计有效的沟通策略和优化政策提供了理论基础,以应对信息时代日益复杂的挑战。

当下人工智能技术蓬勃发展,我们面对的媒体信息将从人类生产逐步过渡到机器、人类合作生产,甚至是人工智能为主的时代。面对几乎于全知全能的机器,个人的自我优势心理是否还存在? 当 AI 的信息变得更加准确有效时,人们的认知偏见是否仍然会影响个体的行为? 以上问题我们现在还无法给出答案。我们可能会看到信息准确性的回归,媒体从满足人们的需求的技术变成由 AI 主导可以对人发出指令的技术实体，认知偏见在未来可能会是一个更加中心的话题，技术与人的关系可能会真正来到一个新的时代。作为传播学者，我们无从判断对错，但是期待每一个新的变革。

2023 年 12 月 于杭州